आप-बीती

आप-बीती

मार्क शागाल

अनुवाद
अखिलेश

राजकमल प्रकाशन
नयी दिल्ली पटना इलाहाबाद

मूल्य : रु. 500.00

पहला संस्करण : 2010

प्रकाशक : राजकमल प्रकाशन प्रा. लि.
1-बी, नेताजी सुभाष मार्ग
नई दिल्ली-110 002

शाखाएँ : अशोक राजपथ, साइंस कॉलेज के सामने, पटना-800 006
पहली मंजिल, दरबारी बिल्डिंग, महात्मा गांधी मार्ग, इलाहाबाद-211 001

वेबसाइट : www.rajkamalprakashan.com
ई-मेल : info@rajkamalprakashan.com

आवरण : अवधेश यादव

मुद्रक : बी.के. ऑफसेट
नवीन शाहदरा, दिल्ली-110 032

AAP-BITI
by Mark Shagal
Translated by Akhilesh

ISBN : 978-81-267-1860-3

माँ, श्रीमती प्रयाग रानी के लिए

अखिलेश

विश्वविख्यात चित्रकार मार्क शागाल का जन्म 1887 में रूस के वितेब्स्क शहर के एक ग़रीब यहूदी परिवार में हुआ था। सेंट पीटसबर्ग में आरम्भिक शिक्षा प्राप्त करने के बाद वे लियो वाक्स्ट के प्रायोगिक कला महाविद्यालय में पहुँचे जो फ्रांस में चित्रकला में हो रहे नये विचारों और प्रयोगों के प्रभाव में था। 1910 में बर्लिन में उनकी प्रदर्शनी आयोजित हुई जिसने जर्मन इम्प्रेशनिज्म पर गहरा प्रभाव डाला। प्रथम विश्वयुद्ध के दौरान वे रूस में फँस गये। 1917 की क्रान्ति के बाद उन्होंने मालेविच और अन्य अवाँगार्द चित्रकारों की ही भाँति 'कला कमिसार' की तरह काम किया और एक स्वतन्त्र कला अकादेमी खोली और मास्को के यीडिश थियेटर के लिए काम किया जो उनके महत्त्वपूर्ण चित्रों में शामिल है। 1923 में वे पेरिस लौटे और दूसरे विश्वयुद्ध की शुरुआत में अमरीका चले गये। शागाल अपनी अजस्र ऊर्जा को निरन्तर एक के बाद दूसरे कामों में लगाते रहे। उन्होंने स्ट्राविन्स्की के लिए सेट और पोशाकें तैयार कीं, पेरिस के ऑपेरा की छत चित्रित की, लिंकन सेंटर के मेट्रोपॉलिटिन ऑपेरा के लिए म्यूरल बनाया। जेरूस्लम में हदास्साह मेडिकल सेंटर के इबादतग़ाह के लिए चित्रित खिड़कियाँ उनके सबसे प्रभावशाली कामों में शामिल हैं। शागाल ने रंगीन लिथोग्राफ, शिल्प और सिरेमिक में भी लगातार काम किया। 1985 में अमरीका में उनकी मृत्यु हुई।

◀ Fire in the City

एक

एक

मैंने सबसे पहली चीज़ नाली देखी। साधारण, चौकोर, अधखुली, अण्डाकार-सी। बाज़ार की नाली। एक बार मैंने उसे पूरा भर दिया।

मुझे ठीक से याद नहीं, शायद मेरी माँ ने मुझे बताया कि जिस वक्त मैं पैदा हुआ, जेल के पीछे, मुख्य मार्ग के निकट, वितेब्स्क शहर के बाहर, घरों में भयानक आग लगी थी।

शहर जल रहा था, वे घर जहाँ ग़रीब यहूदी रहते थे।

वे अपना बोरिया-बिस्तर लेकर भागे। माँ और बच्चे नंगे पैर, किसी सुरक्षित स्थान, शहर के दूसरी ओर।

किन्तु इस सबके पहले, मैं मृत पैदा हुआ।

मैं जीना नहीं चाहता था। कल्पना करें एक सफ़ेद बुलबुले की जो जीना नहीं चाहता। जैसे उसे शागाल के चित्रों से भर दिया गया हो।

उन्होंने बुलबुले को सुई से कोंचा। उसको पानी में फेंका और आख़िर में उसकी कमज़ोर मिनमिनाती आवाज़ सुनाई दी।

किन्तु खास बात यह है कि मैं मृत पैदा हुआ।

मैं आशा करता हूँ कि मनोवैज्ञानिक इससे कोई निष्कर्ष निकालने की कोशिश नहीं करेंगे।

जैसे ही मेरे पिता की माली हालत थोड़ी ठीक हुई, उन्होंने वह छोटा-सा घर बेच दिया जो पेस्तकोवातिक में था और जिसे मैंने कई दिनों से नहीं देखा। वह जगह मुझे याद दिलाती है, राब्बी के माथे पर उभरे हुए गूमड़े की जिसे मैंने हरे रंग से चित्रित किया था या अचार के पानी में डूबे हुए बरनी से झाँकते एक आलू की। मेरी वर्तमान प्रतिष्ठा की ऊँचाई से जब मैं इस छोटे से घर को देखता हूँ, तो चौंककर ख़ुद से पूछता हूँ :

''कैसे यह सम्भव है कि मैं यहाँ पैदा हुआ था कभी? यहाँ कोई कैसे साँस ले सकता था?''

मेरे दादा, जिनकी काली लम्बी दाढ़ी थी, की मृत्यु हुई तो मेरे पिता ने कुछ रूबल्स से एक नया घर ख़रीद लिया।

अब हमारे पड़ोस में पेस्तकोवातिक की तरह कोई पागलख़ाना नहीं था बल्कि चर्च, मैदान, दुकानें और यहूदी इबादतग़ाह थे। साधारण और शाश्वत, गेयोटो के फ्रेस्कोज में चित्रित मकानों की तरह।

हर तरह के यहूदी, जवान-बूढ़े सभी व्यस्त दिखायी देते थे। वे लगातार आ-जा रहे हैं, घूम रहे हैं। जल्दी-जल्दी चल रहे यहूदी, ज्या विचेंज और वेजलाइन्स। कोई भिखारी घर की तरफ़ दौड़ा जा रहा है, कोई रईस घर जा रहा है। कोई छात्र घर की तरफ़ दौड़ा चला और है। पिता घर आ रहे हैं।

उन दिनों सिनेमा नहीं होते थे।

लोग या तो दुकान जाते थे या अपने घर। नाली के बाद दूसरा मुझे यह सब याद है।

मैंने कुछ नहीं कहा है, अपने बचपन के आसमान के बारे में। अपने बचपन के सितारों के बारे में। ये मेरे सितारे थे। मेरे प्यारे सितारे : वे रोज़ मेरे साथ स्कूल तक जाते और गली के ऊपर मेरे लौटने का इन्तज़ार करते। मेरे प्यारो, मुझे माफ़ करना। मैं तुम्हें चकरा देने वाली ऊँचाइयों पर छोड़ आया हूँ।

मेरा क़स्बा, उदास और प्रफुल्ल।

अपने लड़कपन में मैं तुम्हें अपनी चौखट से देखा करता था। बच्चे की आँख में तुम बिलकुल साफ़ नज़र आते हो। जब कोई दीवार आड़े आती, मैं छोटे खम्भे पर चढ़ जाया करता था। फिर भी यदि तुम्हें न देख पाता तब घर की छत पर चढ़ जाता था। आख़िर क्यों नहीं, मेरे नाना भी तो वहाँ चढ़ा करते थे।

और मैं देखा करता जब तक मन न भर जाय।

यहाँ पोक्रोस्काजा गली में दूसरी बार मेरा जन्म हुआ।

क्या आपने कभी फ्लोरनटाइन चित्र देखे हैं? उन आदमियों के जिनकी दाढ़ियाँ कभी छाँटी न गयी हों, जिनकी आँखें एक साथ भूरी और राख के रंग की हों, जिनके चेहरों का रंग गहरा गेहुँआ हो, झुर्रियों से भरा हुआ?

वे मेरे पिता हैं।

या शायद आपने हग्गादाह में वह आकृति देखी हो जिनकी भाव-भंगिमा भेड़ों की तरह की है। (मुझे माफ़ करना, प्यारे पिता!)

आपको याद होगा एक बार मैंने आपका चित्र बनाया था। आपके चित्र में मोमबत्ती के एक साथ जलने और बुझने का प्रभाव था। यह सुगन्ध है-सो जाने की।

एक मक्खी मेरे चारों तरफ़ भिनभिना रही है। मैं उसे कोसता हूँ, फिर उसी के कारण गहरी नींद में चला जाता हूँ।

क्या मैं अपने पिता के बारे में बात करूँ?

उस आदमी की क्या योग्यता है जिसकी कोई योग्यता नहीं? अगर उसकी कोई क़ीमत नहीं है? यही मेरा संकट है, उनके बारे में सही शब्द ढूँढ़ पाने के लिए।

मेरे दादा, धर्म के शिक्षक, अपने पहले पुत्र, मेरे पिता के लिए, हरिंग प्लाण्ट में एक क्लर्क से ज़्यादा नहीं सोच सकते थे, और अपने छोटे बेटे के लिए नाई होना।

नहीं, मेरे पिता क्लर्क नहीं थे किन्तु बत्तीस साल तक सिर्फ़ एक मज़दूर थे।

जब वह भारी भरकम ड्रम उठाते तो मेरा हृदय काँप उठता। मैं देखता था उन्हें भारी बोझ उठाते और सुन्न पड़ गये हाथों से मशीनों के पट्टे हिलाते। भुस भरे हुए जानवर की तरह उनका मालिक एक किनारे खड़े होकर उन्हें देखता रहता।

मेरे पिता के कपड़े कभी-कभी नमक के पानी-से चमकते थे। दूर कहीं से आती रोशनी हर जगह फैली रहती। सिर्फ़ उनका चेहरा कभी पीला, कभी सफ़ेद, कभी-कभी फीकी मुस्कान से चमकता रहता था।

क्या मुस्कान है! यह कहाँ से आयी है?

वह गली के उस धुँधलके में फैल जाती थी जहाँ लोग आते-जाते दिख रहे हैं। दूधिया चाँदनी-सी। अचानक मैं देखता हूँ उनके दाँत चमक उठते हैं। मैं सोचता हूँ बिल्ली के दाँतों के बारे में, गाय के दाँतों के बारे में, किन्हीं भी दाँतों के बारे में।

मेरे पिता के बारे में हर चीज़ मेरे लिए रहस्यमय और दुख-भरी थी। एक असम्भव कल्पना।

हमेशा विषादग्रस्त। उनकी धूसर नीली आँखों में एक हल्का प्रतिबिम्ब।

यहाँ-वहाँ लगे हुए ग्रीस और काम से ख़राब हुए कपड़े, उनकी बड़ी जेब से झाँकता हुआ, मटमैला लाल रूमाल, वे घर आते हैं, लम्बे और कृशकाय। शाम उनके साथ आती है।

वे जेब से बहुत सारे केक, नाशपातियाँ निकालते हैं। अपने भूरे और झुर्रीदार हाथों से हम बच्चों को दे देते हैं। वे बहुत ज़्यादा रस से भरी, और मेज़ पर सजे स्वादिष्ट भोजनों से ज़्यादा पारलौकिक होती थी।

जिस शाम पापा की जेब से आने वाले केक और नाशपाती नहीं मिलते थे, वह शाम दुख से भर जाती। मैं अकेला था जो उनके सरल हृदय, कवि-सुलभ चुप्पी को समझ सकता था।

अपने सबसे महँगे अन्तिम वर्षों में भी वे लगभग 20 रूबल कमाते रहे। ख़रीददारों से मिलने वाली बख़्शीशें उनकी कमाई को बढ़ा देती। मेरे पिता एक ग़रीब युवक नहीं थे।

उनके पुराने फ़ोटोग्राफ़ और हमारी कपड़ों की अलमारी को देखने पर मुझे पता चलता है कि उन्होंने जब मेरी माँ से शादी की थी तब उनका स्वास्थ्य और आर्थिक स्थिति अच्छी थी। उन्होंने अपनी होने वाली पत्नी, एक छोटी-सी लड़की जो अपनी शादी के बाद बड़ी हो गयी, को एक बहुत सुन्दर शॉल भेंट किया था।

शादी के बाद उन्होंने अपने पिता को पैसे देना बन्द कर, ख़ुद का घर ख़र्च चलाना शुरू कर दिया।

मगर इसके पहले मैं अपने दाढ़ी वाले दादा की रूपरेखा पूरी करना चाहूँगा। मैं नहीं जानता कि वे कब तक पढ़ाते रहे। किन्तु यह कहा जाता है कि वे समाज में प्रतिष्ठित थे।

दस साल बाद जब मैं अपनी दादी के साथ उनकी कब्र पर गया, मुझे यह भरोसा हो गया कि वे एक अच्छे आदमी थे। एक अनमोल व्यक्ति एक सन्त।

वे नदी किनारे घनी झाड़ियों के पास, जहाँ अशान्त पानी बह रहा है, अपनी कब्र में सोये हैं। पहाड़ी के नीचे, जहाँ बहुत पहले मरे सन्त सो रहे हैं।

उनकी कब्र पर अच्छे से लगा हुआ पत्थर जिस पर हिब्रू में खुदा है–'यहाँ दफ़न हैं...' अभी तक सुरक्षित हैं।

मेरी दादी ने मुझे दिखाया और कहा "यह तुम्हारे दादा की क़ब्र है, तुम्हारे पिता के पिता और मेरे पहले पति।"

उनके होंठ काँप रहे थे किन्तु वे रो नहीं रही थीं। अपने होंठों में उन्होंने कुछ शब्द बुदबुदाये। शायद स्वागत या प्रार्थना के। मैं उनका विलाप सुन सकता था। जब वे उस क़ब्र पर झुक रही थीं। जैसे वह पत्थर, वह छोटा-सा टीला, मेरे दादा हों। जैसे वह बात कर रही हों पृथ्वी की आँत से। जैसे वह कब्र, एक तरह की अल्मारी हो जिसमें कुछ हमेशा के लिए बन्द ो गया है।

"डेविड, मैं प्रार्थना करती हूँ कि तुम हमारे लिए प्रार्थना करो। यह तुम्हारा 'बचेवा' है। अपने बीमार बेटे के लिए प्रार्थना करो। अपने

बीमार बेटे चाँटी और जूसी और उनके बच्चों के लिए प्रार्थना करो। प्रार्थना करो कि वे ठीक से खड़े हो सकें। ईश्वर के सामने एक कर्त्तव्यनिष्ठ आदमी की तरह।''

और दूसरी तरफ़ मैं अपने आपको दादी के नज़दीक पाता हूँ। वे बहुत बूढ़ी थीं, अपने चेहरे के चारों तरफ़ स्कार्फ़ लपेटे रहतीं। एक छोटा-सा स्कर्ट पहनतीं। उनका चेहरा झुर्रियों से भरा था।

वे बहुत छोटी थीं।

उन्होंने अपना प्यार कुछ बच्चों और प्रार्थना की किताबों में बाँट दिया था।

राब्बी की हामी से उन्होंने पुनर्विवाह किया। वे विधवा थीं। मेरे दूसरे नाना, मेरी माँ के पिता, वे विधुर थे। मेरी माँ की माँ और मेरे पिता के पिता का देहान्त उसी वर्ष हुआ, जिस वर्ष मेरे माता-पिता का ब्याह हुआ था। मेरी माँ अब सिंहासन पर थी।

◀ Beside My Mother's Tombstone

दो

हर वर्ष पुण्यतिथि पर जब मैं उसकी कब्र पर जाता हूँ, मेरी माँ की क़ब्र पर, मेरा दिल हमेशा उसकी याद में या नींद में डूबने लगता है।

मुझे लगता है कि मैं तुमको देखता हूँ, माँ।

तुम बहुत धीमे मेरी तरफ़ आ रही हो। इतने धीमे कि मैं तुम्हारी सहायता करना चाहता हूँ। तुम्हारे चेहरे पर मेरी मुस्कान है। आह! वह मुस्कान मेरी है।

मेरी का जन्म लियोज्नो में हुआ, जहाँ मैंने पुजारी के घर का चित्र बनाया था। घर के सामने फेंस और फेंस के सामने सुअर।

पोप हो या नहीं, जब भी वह गुज़रता, मुस्कुराता था। गले में उसका क्रास चमकता रहता। वह मुझे देख पवित्र चिन्ह बनाता था। उसके हाथ उसकी चाल के साथ लयबद्ध थे। वे सुअर छोटे पिल्लों की तरह उससे मिलने के लिए दौड़ जाते।

मेरे नाना की सबसे बड़ी बेटी मेरी माँ थी। मेरे नाना ने अपना आधा जीवन अलाव के सामने, चौथाई जीवन पूजा घर में और बचा

हुआ कसाईखाने में गुज़ार दिया। उनके इस आरामतलब होने के कारण मेरी नानी, काम की अधिकता से युवावस्था में ही हार गयीं और आख़िर मर गयीं।

उसी के बाद मेरे नाना का शरीर कँपकँपाने लगा। उसी तरह जैसे मवेशियों का शरीर कँपकँपाता है।

क्या मेरी माँ सचमुच बहुत छोटी थी?

मेरे पिता ने उससे शादी के वक्त इस तरफ़ ध्यान नहीं दिया था।

हम लोगों की आँखों में हमारी माँ की एक दुर्लभ जीवन-शैली थी। यह उसके रोज़मर्रा के कामों की तरह ही दुर्लभ भी।

किन्तु मैं उसकी प्रशंसा या अतिप्रशंसा भी नहीं करना चाहता। मेरी माँ, जो अब नहीं हैं। क्या मैं उसके बारे में कुछ भी बता सकता हूँ?

इस वक्त मैं बिना बोले रोना चाहता हूँ।

क़ब्रिस्तान के प्रवेश द्वार से मैं भागता हूँ माँ की क़ब्र की तरफ़। आग की लपट से भी तेज़, हवा की छाया से भी हल्का। मैं रोकर हल्का होना चाहता हूँ।

मैं देखता हूँ दूर एक नदी का बहना। कुछ और दूर एक पुल। सामने शाश्वत अवरोध, पृथ्वी, मज़ार।

यहाँ मेरी आत्मा है। मेरी तरफ़ देखो। मेरी तरफ़ यहाँ मैं हूँ। यहाँ मेरे चित्र हैं। मेरी शुरुआत। दुख और सिर्फ़ दुख।

यह उसका व्यक्ति-चित्र है।

इससे कोई फ़र्क़ नहीं पड़ता। क्या मैं यहाँ हूँ? मैं कौन हूँ? पास से गुज़रते वक्त तुम मुस्कुराओगे। तुम्हें आश्चर्य होगा। तुम हँसोगे। दुख का सरोवर, कम उम्र में पके बाल, आँखें-आँसुओं का शहर, ख़ुद लगभग नहीं, दिमाग़ जो अब नहीं है।

फिर वहाँ क्या है?

मैं देखता हूँ उसे घर के कामों में व्यस्त, मेरे पिता के आदेशों को मानते हुए, हमेशा एक घर का सपना देखते। एक परचून की दुकान को जमाते, उसमें तरह-तरह का सामान भरते हुए, बिना पैसे के, हमेशा उधार। किन शब्दों से, किन अर्थों में उसे मैं मुस्कुराता हुआ बता सकता हूँ। घण्टों दरवाज़े के सामने या मेज़ पर बैठे इन्तज़ार करती, किसी पड़ोसी के आने का, जिसके साथ वह अपनी व्यथा बाँट सकें।

रात को दूकान बन्द हो चुकी है, सारे बच्चे घर में हैं, पिता मेज़ पर ही सो चुके हैं, लैम्प जल रहा है, कुर्सियाँ ऊब चुकी हैं : दरवाज़े के बाहर आसमान कहाँ है? यह कोई नहीं बता सकता, जहाँ प्रकृति मौन हो चुकी है : ऐसा नहीं कि हम लोग चुप हो गये हैं, मगर

चारों ओर निस्तब्धता है। माँ अलाव के सामने बैठी है। एक हाथ मेज़ पर रखा है और दूसरा अपने पेट पर।

उसका चेहरा उस बिन्दु तक उठा हुआ है जहाँ उसका हरेक बाल करीने से पिन से बँधा हुआ है।

वह अपनी उँगलियों से धीमे-धीमे बजा रही है। मेज़ पर मोमजामा बिछा है। वह धीमे-धीमे कई बार मेज़ बजाती है जिसका यह अर्थ है :

"हर कोई सो चुका है। कैसे बच्चे हैं मेरे। मेरे साथ बात करने वाला कोई नहीं है।"

वह बहुत बातूनी थी। उसे बात करने में बहुत मज़ा आता। बातचीत में वह नये-नये शब्द गढ़ा करती और उन्हें इस तरह प्रस्तुत करती कि सुनने वाला संकोच से भर जाता।

रानी की तरह, तनी हुई, निश्छल, बाल अपनी जगह पर जमे हुए, वह अपने बन्द होंठों से प्रश्न पूछती है, वे होंठ मुश्किल से हिलते दिखायी देते हैं। मगर वहाँ कोई नहीं है जो उसे उत्तर दे। मैं अकेला था जो यह समझ रहा था किन्तु बहुत दूर से। "मेरे बेटे!"-वह कहती है, "मुझसे बात करो।"

मैं एक छोटा-सा लड़का। माँ एक रानी की तरह। मैं क्या कह सकता था!

वह नाराज़ है। उसकी उँगलियाँ मेज़ पर तेज़ी से चल रही हैं।

और घर शान्त दुख के लिफ़ाफ़े में बन्द है।

शुक्रवार रात के खाने के बाद जब पिता हमेशा की तरह प्रार्थना के दौरान सो चुके हैं (मेरे पिता मुझे माफ़ करना) उसकी आँखें दुख से भर गयी हैं और वह अपने आठों बच्चों से कहती है :

"बच्चों, चलो हम सब मिलकर राब्बी गीत गायें, मेरे साथ गाओ।"

बच्चे गाते हैं। बच्चे सो जाते हैं। वह रोने लगती है और मैं कहता हूँ :

"तुम फिर शुरू कर रही हो। मैं अब नहीं गा सकता।"

मैं उससे कहना चाहता था कि मेरी प्रतिभा उसके अन्दर छिपी है। उससे ही मुझे यह सब प्राप्त है अलावा उसकी मनीषा के।

वह मेरे कमरे की तरफ़ आ रही है (आँगन में ज्याविच का कमरा है)।

वह दरवाज़ा खटखटाती है और पूछती है :

"मेरे बेटे क्या तुम वहाँ हो? तुम क्या कर रहे हो? क्या बेला तुम्हारे साथ है? क्या तुमने खाना खा लिया?"

"माँ देखो! क्या तुम्हें यह पसन्द है?" वह मेरे चित्रों को देखती है।

भगवान जाने किन आँखों से!

मैं उसके फ़ैसले का इन्तज़ार करता हूँ! अन्त में वह बहुत धीमे से कहती है :

"बेटे, मुझे लगता है कि तुममें प्रतिभा है, मगर तुम्हारे लिए यह अच्छा होगा कि तुम एक क्लर्क बनो। मैं तुमसे माफ़ी चाहती हूँ किन्तु तुमने यह सीखा कहाँ से?"

वह सिर्फ़ हम बच्चों की ही नहीं, अपनी बहनों की भी माँ थी। यदि उनमें से किसी की शादी होने वाली हो तो लड़का देखना, उसी का काम था। वही ढूँढ़ती थी। उसके बारे में पता करती थी और यदि वह लड़का दूसरे शहर में रहता हो तो वहाँ जाकर पता करना, उसके बारे में बातें करना, यह सब काम किया करती थी। और शाम को उसकी खिड़की से भीतर झाँककर उसके बारे में पता लगाने का काम भी उसी का था।

कई साल हो गये उसकी मृत्यु हुए।

कहाँ हो तुम, मेरी छोटी प्यारी माँ? स्वर्ग में या पृथ्वी पर? मैं यहाँ हूँ तुम्हारे लिए। यदि मैं तुम्हारे नज़दीक हूँ तो अपने आपको ख़ुश पाता हूँ। कम से कम मैंने तुम्हारी मज़ार को देखा है, उसे छुआ है।

उफ़! माँ! और ज़्यादा प्रार्थना मैं नहीं कर सकता। मैं रोता हूँ कभी-कभी।

किन्तु मेरी आत्मा हमेशा तुम्हारे बारे में सोचती है, और अपने बारे में, और मेरे विचार दुख से भर जाते हैं।

मैं तुमसे नहीं कहता कि तुम मेरे लिए प्रार्थना करो। तुम ख़ुद जानती हो कि मैं कितना दुखी हूँ। मुझे बताओ मेरी प्यारी माँ! दूसरी दुनिया से, स्वर्ग से, बादलों से, जहाँ भी तुम हो वहाँ से बताओ, क्या तुम्हें मेरा प्यार सान्त्वना देता है? क्या मेरे प्यार-भरे शब्द थोड़ी भी मिठास घोल पाते हैं। हल्का-सा प्रेम-स्पर्श कर पाते हैं?

◀ Grandfather's House

तीन

उसकी कब्र के पास एक दूसरी महिला की क़ब्र है जो मोहिलेफ या लियोज्नो की है। वे आराम कर रही हैं। मैं उन्हें जानता हूँ। माँ की तरह हिम्मती। मेरी नानी की तरह उनकी मृत्यु जवानी में हुई, काम के बोझ से, जब मेरे नाना अपने दिन को अलाव के सामने या पूजा घर में बिताते थे। प्रायश्चित के दिन के उपवास के बाद उसी तरह अमावस्या की रात में नये साल की ओर, प्यारे युवा मनुष्य।

लियोज्नो के उन कमरों की मुझे याद है जो गाय की खाल की एक खास बू से भरे हुए थे। मुझे वह कितनी प्रिय थी जब मैं वहाँ था। मैं आपकी भेड़ की खालों को भी चाहता था। आपके कपड़ों की अलमारी, जो कमरे की शुरुआत में ही थी, दरवाज़े, कोट रखने का रैक, कपड़े, हैट, चाबुक आदि सब मिलकर एक छायाचित्र बनाते हैं, जिसे अब तक मैं पूरा पढ़ नहीं पाया हूँ और जो दीवार के धूसर पार्श्व में हैं। यह सब मेरे नाना हैं।

उनकी गौशाला में एक गाय खड़ी है, जिसका बहुत मोटा पेट है, वह लगातार देख रही है।

नाना उसके पास जाते हैं, उससे बात करते हैं :

"सुनो! मुझे तुम्हारे पैर चाहिए। मुझे पैरों को बाँधना है। हमें ज़रूरत है अच्छे माँस की, तुम समझीं?"

वह साँस भरकर नीचे लेट जाती है। मैं उसके मौहरे को दुलार से पकड़ लेता हूँ। उसके कानों में कुछ शब्द फुसफुसाने कि वह चिन्ता न करे, मैं माँस खाने वाला नहीं हूँ : इससे ज़्यादा और क्या कर सकता हूँ मैं? वह घास में हवा चलने की आवाज़ सुनती है और बाड़ी के ऊपर फैले नीले आकाश को देखती है।

किन्तु कसाई, सफ़ेद और काली पोशाक पहने, हाथ में चाक़ू लिये अपनी बाँहें चढ़ा रहा है। मुश्किल से ही कोई प्रार्थना सुनता है, गाय अपना सिर पीछे ले जाती है। वह चमचमाता स्टील उसके गले में डुबो देता है।

ख़ून की धाराएँ।

पास में बैठे कुत्ते और मुर्गे ख़ून की बूँद का इन्तज़ार कर रहे हैं, धोखे से ज़मीन पर गिर जाने वाले माँस के टुकड़े का भी।

अब जो कुछ भी सुनायी देता है वह हड्डियों की कट-कट, सरसराहट, नाना की आह के बीच ख़ून और चर्बी।

और तुम छोटी-सी गाय, नग्न और मृत, स्वर्ग में सपने देखती हो। उस चमकते चाकू ने तुम्हें ऊँचाई पर जन्म दिया है।

स्तब्धता। अँतड़ियाँ निकाली जा चुकी हैं। कुछ टुकड़े यहाँ-वहाँ गिरे हैं। गौ चर्म निकाला जा चुका है।

ख़ून से लाल माँस के गुलाबी टुकड़े काटे जा चुके हैं। भाप तैयार है।

क्या व्यवसाय है उनके हाथों में?

मुझे माँस खाने की इच्छा हो रही है।

प्रतिदिन दो या तीन गायें वहाँ मारी जाती थीं। इस्टेट के मालिक और आसपास के रहने वालों को रोज़ ताज़ा माँस मिलता था।

मेरे नाना का घर, मेरे लिए कला की ध्वनि और सुगन्धों से भरा था। यह सुगन्ध लिनन की तरह सूखती खालों से आती थी। रात के अँधेरे में मुझे लगता था कि यह सुगन्ध सिर्फ़ सुगन्ध नहीं है, ख़ुशियों का तूफ़ान है, छत को फोड़कर आकाश में फैलता हुआ।

वे गायों को निर्दयता से काटते थे। यह सब मैं माफ़ करता हूँ। खालें पूरी निष्ठा से सूख रही हैं और प्रार्थना करती हैं, याचना करती हैं स्वर्ग की छत की, पापों का प्रायश्चित चाहती हैं, वे अपने हत्यारों के लिए।

मेरे नाना खासतौर पर मुझे हमेशा भुना हुआ माँस खिलाते थे। क्या था वह? मैं ठीक से जानता नहीं। शायद पेट, गर्दन या चाप, कलेजी, फेंफड़े। मैं नहीं जानता।

उन दिनों मैं बेवकूफ़ था, ऐसा मुझे लगता है। हमेशा प्रसन्न।

नाना, मैं अब भी आपको याद करता हूँ।

एक दिन एक दिगम्बरा के रेखाचित्र को देखकर उन्होंने अपनी पीठ ऐसे मोड़ ली जैसे यह सब उनके मतलब का न हो या बाज़ार में कोई एक अजनबी सितारा आ गया हो, जिसका वहाँ के रहने वालों से कोई सम्बन्ध नहीं हो।

और उस दिन मैं समझ गया कि मेरे नाना, झुर्रियों से भरी छोटी-सी नानी और मेरा पूरा परिवार, मेरे चित्रों से उदासीन है। (क्या कला है जो साम्य रखने का बहाना भी नहीं खोज पाती) इसके बदले माँस का बड़ा महत्व था।

यह सब मेरी माँ ने अपने पिता के बारे में मुझे बताया, लियोज्नो के मेरे नाना के बारे में। या शायद मैंने सपना देखा।

सुकोथ का त्यौहार या सिमहातोराह का त्यौहार।

वे चारों तरफ़ उसे खोजते हैं।

कहाँ है वह? कहाँ है वह?

बाद में पता चलता है कि अच्छे मौसम के कारण नाना छत पर चढ़ गये हैं, और बैठे हैं चिमनी के पाइप पर, गाजरों की दावत उड़ाते हुए। चित्र बुरा नहीं है। यदि लोग ख़ुश होते हैं और भारमुक्त हो पाते हैं, यह सोचकर कि मेरे चित्रों का रहस्य मेरे परिवार द्वारा किये जा रहे उन अनजान साहसिक कर्मों में छुपा है तो यह ठीक ही है।

कितनी कम रुचि है इसमें मेरी! मेरे प्यारे शहरवासियों, अपनी सहायता आप करो।

यदि भावी पीढ़ियों के सामान्य ज्ञान के लिए तुम्हारे सही होने और मेरे अपराध के विरुद्ध, कुछ प्रमाण कम हों तब मैं कुछ और बता सकता हूँ। लियोज्नो से अपने अच्छे सम्बन्धों के बारे में, जिन्हें मेरी माँ ने मुझे बताया था।

एक शर्ट पहनकर, घरों के साथ चल रही गली में टहलने से बेहतर कुछ और नहीं सोचा जा सकता।

ठीक। क्या इससे धक्का पहुँचता है?

साँ क्यूलोत की याद मेरे दिल को हमेशा ख़ुशियों से भर देती है। जैसे कि मासासियो या पियेरो डिला फ्रांसिस्का के चित्र लियोज्नो की गलियों में दिन की साफ़ रोशनी में जीवित हो उठते हैं। वह मेरे नज़दीक लगते हैं।

किन्तु मैं मज़ाक़ नहीं कर रहा हूँ। हालाँकि मेरी कला ने मेरे परिवार के जीवन में कोई भूमिका अदा नहीं की, किन्तु उनके जीवन और उनकी उपलब्धियों ने मेरी कला को बहुत प्रभावित किया है।

आप जानते हैं नाना के इबादतग़ाह की पीठिका के पीछे खड़े रहने में मुझे अपार सुख मिलता था।

अभागा! वहाँ पहुँचने के लिए क्या-क्या यत्न नहीं किये। खिड़की की तरफ़ देखते, हाथों में प्रार्थना की किताब लिये, साबाथ के दिन

मैं आराम से उन घरों की ओर देखता था।

प्रार्थना की बुदबुदाहट के भीतर से झाँकता आकाश मुझे और नीला दिखता था। घर आकाश में उड़ रहा है और हर गुज़रने वाला साफ़ दिखायी दे रहा है।

मेरे पीछे वे लोग प्रार्थना की तैयारियाँ कर रहे हैं और मेरे नाना को वेदी पर जाकर गाने के लिए कहा गया है। वे प्रार्थना गा रहे हैं, वे बार-बार अपनी प्रार्थना को लय में दोहराते हैं और फिर शुरू करते हैं। यह ठीक मेरे दिल में कोल्हू के चलने जैसा है। या ताज़ा जमा किया गया शहद मेरे भीतर टपक रहा है और उससे झुनझुनी पैदा हो रही है।

और जब वे रो रहे हैं, याद है मेरा वह विफल रेखाचित्र, मैं सोचता हूँ कि क्या मैं एक महान चित्रकार बन सकूँगा?

मेरे छोटे मामा नूज़, मैं तुम्हें याद करना भूल गया हूँ। तुम्हारे साथ मैं जाता हूँ देहातों में, मवेशियों को लौटा लाने के लिए। मैं कितना ख़ुश था उस दिन जब तुमने मुझे अपनी हचकेदार बैलगाड़ी में बैठने दिया था।

कैसे भी हो, हम दोनों साथ होते थे।

बेहतर बालू पत्थरों की बनी सड़क और मेरे मामा नूज़ अपने घोड़े को हः हः करते भगा रहे थे।

लौटते वक्त मैंने सोचा कि मैं अपने कौशल का प्रदर्शन करूँ और मैंने एक गाय की पूँछ मरोड़ दी, यह चाहते हुए कि वह पीछे न छूट जाय। लकड़ी का पुल पार करते-करते मुझे यह लगने लगा कि मेरे पेट के भीतर कई लकड़ी के कटलेट्स घूम रहे हैं। पहियों की आवाज़ अलग थी।

मेरे मामा ने कभी नहीं देखा छोटी नदी की तरफ़, सरकण्डे, किनारे लगी झाड़ियाँ, मिल और दूर कहीं, अकेला छोटा-सा चर्च, छोटे-छोटे घर और बाज़ार जहाँ सब कुछ अन्धकार में डूब चुका था, जब तक हम गुज़रे, थके हुए, और भगवान के लिए, मैं नहीं बता सकता कि मेरे दिल पर क्या गुज़री।

हर कोई ख़रीद-फ़रोख़्त में लगा है। जवान लड़कियाँ काउण्टर पर बैठी हैं।

मैं नहीं समझ पा रहा था कि यह सब क्या हो रहा है।

मैं वहाँ पहुँचा ही था और देखता क्या हूँ, लड़कियाँ मुझे अपनी दुकानों से बुला रही हैं, और मुझे देख मुस्कुरा रही हैं। मेरे घुँघराले बाल। उन्होंने मुझे खाने के लिए चॉकलेट और बन दिये। मेरी मसें भीग रही थीं। क्या यह मेरी ग़लती थी? क्या मैं अपने को बाँट सकता था?

मेरे भाइयों और बहनों को चित्रित करना यहाँ ज़्यादा रोचक होगा।

उनके बालों की संगति से मैं कितना ख़ुश हूँ। उनकी चमड़ी के रंग की संगति से। कितनी तत्परता से मैं अपने आपको उनमें फैला

लेता हूँ, अपने कैनवास को मदहोश कर और हज़ारों साल पुराने रंगों के आधिक्य में उन्हें डुबोकर।

किन्तु कैसे वर्णन करूँ उनका। कुछ शब्दों में ही मुझे अपनी मामियों के बारे में बताना चाहिए, एक जिसकी लम्बी नाक थी, अच्छा दिल और दस बच्चे, दूसरी, जिसकी नाक छोटी थी और बच्चे आधा दर्जन थे; वह आत्ममुग्ध थी। मैं सोचता हूँ क्यों नहीं? और तीसरे, जिसकी नाक मोराल्स के चित्र की तरह थी, के तीन बच्चे थे, उनमें से एक हकलाता था, एक बहरा था और तीसरा अभी बनने की प्रक्रिया में था।

मारियास्ज़ा मामी सबसे ज़्यादा विवर्ण थी।

फिर क्यों, वह सुकुमार, पड़ोस में रहती थी?

ड्रमों में भरी छोटी मछलियाँ, जई, शक्कर, आटा, नीले काग़ज़ में लिपटी मोमबत्तियाँ-सब बेचने के लिए था।

पैसा खनकता था।

मोजिक्स, व्यापारी, खुदा के बन्दे, फुसफुसाते, बदबू मारते।

मेरी मामी सोफे पर लेटी रहती। उसके पीले हाथ सिमटे रहते। नाख़ून काले और सफ़ेद, आँखें सफ़ेद और पीली। फीके से चमकते उसके दाँत।

काली पोशाक उसके लम्बे थके हुए शरीर को उजागर करती। उसके लटके हुए स्तन और पेट। उसके पैरों से गूँजती पवित्र आवाज़।

शायद वह जल्दी ही मरने वाली है। और जल्दी ही उसका शरीर कोमल उल्लास से इस पृथ्वी में मिल जाने वाला था। उसके हाथ से छूटकर मक्खन लगा हुआ बन मेरे मुँह में गिर रहा था। यह सपना, हज़ारों बार मैंने देखा।

मैं भिखारी की तरह उसके सामने दरवाज़े पर खड़ा हूँ। देख रहा हूँ, बन में पड़ी हुई परतों को।

रैली मामी इस तरह की नहीं हैं।

अचार की तरह उनकी छोटी नाक, उनके छोटे हाथ और स्तन गहरे भूरे रंग की कुरती में धँसे हुए।

हमेशा बोलते रहना, हँसना, बेचैन यहाँ-वहाँ घूमते रहना।

एक के ऊपर दूसरा स्कर्ट, स्कार्फ़ एक के ऊपर दूसरा, दाँत बालों की तरफ़ उड़ते, जो कंघों और पिनों की जटिल अधिकता से बँधे हुए हैं।

वह ताज़ा गाढ़ा क्रीम लेकर बाहर आती और मुझे चखने के लिए बुलाती।

उसके पति की मृत्यु हो चुकी है। उनका चमड़ा पकाने का व्यवसाय बन्द हो चुका है। आस-पड़ोस की सारी बकरियाँ रो पड़ी थीं।

और मौसिया, गुत्जा, चाचा मामियाँ!

परियों के पंख लगाये वे बाज़ार में उड़ती रहतीं, सरस-फल के झब्बों के ऊपर, किशमिश और नाशपातियों के ऊपर।

लोग उन्हें देखते और पूछते :

"यह कौन उड़ रहा है?"

मेरे आधा दर्जन या उससे ज़्यादा मामा भी थे।

वे सब अच्छे यहूदी थे। कुछ छोटे दिमाग़ और बड़े पेट लिये हुए, कुछ काली दाढ़ी लिये हुए और बचे हुए भूरी दाढ़ी वाले।

संक्षेप में यह चित्र है।

हर शनिवार को नूज मामा पवित्र वस्त्र पहनकर, कोई भी पवित्र वस्त्र, जोर-जोर से बाइबिल पढ़ेंगे।

वे मोची की तरह वायलिन बजाते थे। जब उनका बेटा खिड़की के सामने खड़ा होकर वायलिन बजा रहा होता, नाना उसे सुनते-सुनते सो जाते थे। वर्षा की बूँदों और उँगलियों की छाप से भरे गन्दे शीशों के सामने। कसाई, व्यापारी और थोथे कारोबारी। मेरे नाना के विचारों की थाह इस वक्त रेम्ब्राँ ही पा सकते हैं।

खिड़की के पीछे रात फैली है।

सिर्फ़ पुजारी सो रहा है, उसके घर के पीछे, सन्नाटा है और जिन्न है।

किन्तु मामा नूज वायलिन बजा रहे हैं। वह जो सारा दिन गायों को गौशाला की ओर खदेड़ते रहते हैं, उनकी टाँगों को खींचते-मरोड़ते रहते हैं, अब राब्बी गीत बजा रहे हैं।

इससे फ़र्क़ नहीं पड़ता कि वे कैसा बजा रहे हैं! मैं मुस्कुराता हूँ, उनके वायलिन पर बैठा, उनकी जेबों में कूदता, उनकी नाक को खींचता।

वे मक्खी की तरह भिनभिनाते हैं।

मेरा सिर आहिस्ता-से कमरे में चारों ओर घूम जाता है।

पारदर्शी छत। अस्तबल, सड़क और खेतों की महक के साथ बादल और नीले सितारे घुसते चले आते हैं।

मुझे नींद आ रही है।

मैं सन्तुष्ट होकर डबल रोटी के कुछ टुकड़े उठाकर खाता हूँ, कँपकँपाते हाथ से चम्मच पकड़कर रात का अपना खा़ना पूरा करता हूँ।

लीबा मामा बेंच पर बैठे हैं। उनका देहाती मकान, एक तालाब। उनकी लड़कियाँ लाल गायों के समान चर रही हैं।

जुदाह मामा अभी तक अलाव के सामने हैं।

वे शायद ही कभी बाहर जाते हैं। इबादतग़ाह भी नहीं।

वे घर पर ही खिड़की के सामने पूजा करते हैं।

उनके होंठ चुपचाप से हिल रहे हैं और उनकी पीली आकृति फरमेदार खिड़की पर गिर रही है। कभी-कभी वह नुक्कड़ तक जाते और चर्च के गुम्बद पर जाकर लेट जाते हैं। वे एक लकड़ी के घर की तरह दिखते हैं जिसकी छत पारदर्शी है।

मैं उनका त्वरित रेखाचित्र बना सकता हूँ।

इजराइल मामा अभी तक पूजा घर में अपनी जगह पर बैठे हैं, अपने हाथों को पीछे बाँधे। वे ख़ुद को गर्म कर रहे हैं, आँखें बन्द हैं। अलाव जल रहा है।

मेज़ पर लैम्प रखा है। उनकी छाया भारी और गहरी वेदी के फ़र्श पर फैली पड़ी है।

वे लगातार आगे-पीछे हिल रहे हैं, हिलते हुए गा रहे हैं। बुदबुदाते हुए बीच-बीच में ठण्डी साँस भर रहे हैं।

अचानक वे खड़े होते हैं।

"अब शाम की प्रार्थना का समय है।"

यह तो अब रात हो चुकी है। नीले सितारे, बैंगनी धरती।

दूकानें बन्द हो रही हैं।

जल्दी ही रात का खाना परोसा जाएगा-पनीर, तश्तरियाँ।

मैं आपके घर में मेज़ के नीचे मर क्यों नहीं गया? मेरे मामा मेरा हाथ पकड़ने से कतराते हैं। लोग कहते हैं, मैं चित्रकार हूँ।

क्या होगा अगर मैं उनका रेखाचित्र बनाना शुरू करूँ?

ईश्वर इसकी इजाज़त नहीं देता। एक पाप।

मेरे दूसरे मामा हैं जूसी : वे नाई हैं, लियोज्नो के अकेले नाई। वे पेरिस में भी नाई हो सकते थे। उनका तरीक़ा, उनकी मूँछें, उनकी मुस्कान, उनका देखना...वे लियोज्नो में ही रहे, वहाँ वे प्रसिद्ध हैं। उनकी दूकान की खिड़की और दरवाज़ा भी तारांकित हैं। ऊपर नीला साइनबोर्ड है जिसमें एक आदमी सफ़ेद कपड़ों में लिपटा हुआ दिखायी पड़ता है, गालों पर साबुन, दूसरा आदमी उसकी दाढ़ी

बनाता हुआ-उसका क़त्ल करता हुआ।

जूसी मामा मेरे बाल काटते और बग़ैर किसी दया भाव के मेरी दाढ़ी बनाते हैं। वे मुझे बहुत चाहते हैं और अपने बारे में गर्व से बताते हैं वो अकेले थे, पूरे आस-पड़ोस में, स्थानीय ज़मींदार के सामने तक।

जब मैंने उनका व्यक्तिचित्र बनाया और उन्हें दिखाया, कैनवास पर एक नज़र डालकर उन्होंने ख़ुद को आईने में देखा, कुछ क्षण सोचा और कहा :

"ठीक नहीं! अपने पास रखो।"

ईश्वर मुझे माफ़ करे यदि मैं अपने वर्णन में वह सारा प्यार नहीं समेट पाया हूँ, जो मुझे सामान्यतः सभी मनुष्यों से है।

मेरे माता-पिता, दूसरों से भी ज़्यादा सन्त थे।

यही ढँग है जो मैं चाहता हूँ।

हरी पत्तियों की सरसराहट। तुम्हारे पत्थर, तुम्हारी कब्रें, चारों तरफ़ बाड़ा, नदी का गँदला पानी, प्रार्थनाएँ हो चुकी हैं। यह सब मेरे सामने है।

कोई शब्द नहीं। सब कहीं गहरे मेरे भीतर है, छटपटाहट और तुम, मेरी यादें तुम्हारी। तुम्हारा फीकापन, तुम्हारे हाथों का दुबलापन, तुम्हारे सूखे अस्थि-पंजर, मेरी जान हलक में ले आते हैं।

किससे प्रार्थना करूँ?

कैसे विनती करूँ, तुम्हारे द्वारा भगवान से विनती करता हूँ, छोटी-सी ख़ुशी के लिए, उल्लास के लिए।

मैं कभी-कभी देखता हूँ नीले आकाश के ख़ालीपन को, अपनी सूनी आँखों से दया और दुख से।

तुम जानते हो, मेरे माता-पिता, मैं अब एक दूसरा आदमी हूँ-अनेक चीज़ों के बारे में दुखी और भ्रमित!

बस बहुत हुआ। अलविदा!

◀ Father

चार

दिन पर दिन बीतते हैं, सर्दियाँ और गर्मियाँ, सुबह के छः बजे हैं, मेरे पिता उठते हैं और इबादतग़ाह चल पड़ते हैं। वहाँ वे रोज़ मृतकों के लिए प्रार्थनाएँ करते हैं।

वहाँ से लौट समोवर गर्म कर, चाय पी, अपने काम पर चले जाते हैं।

नारकीय काम, जहार के गुलामों का काम।

इसे क्यों छुपाना?

इसे कैसे बताऊँ?

कैसे भी शब्द मेरे पिता की क़िस्मत को सुधार नहीं सकते (मैं तुमसे माफ़ी माँगता हूँ। कोई सहानुभूति नहीं और निश्चित ही कोई दया नहीं दिखा रहा हूँ, कृपया!)

हमारी मेज़ पर बहुत-सा मक्खन और पनीर होता था।

शाश्वत प्रतीक की तरह, मक्खन लगी डबल रोटी, कभी-भी मेरे बचपन के हाथों से दूर नहीं रही।

मैं जहाँ-भी जाता था, आँगन में, गली में और यहाँ तक की पाखाने में भी, मैं, दूसरों की तरह हमेशा मक्खन लगी डबल रोटी हाथ में लिये गया।

क्या हम लोग भूखे थे? कभी नहीं।

वह एक तरह की उत्कण्ठा थी। लगातार खाने की इच्छा, सपने देखने की, जम्हाई लेने की, कुछ चबाने की। खासकर जब हम लोग रात को आँगन में बैठे हुए हों।

मेरी अश्लीलता के लिए क्षमा करें? क्या मैं असभ्य हूँ?

यह स्वाभाविक है कि चाँदनी रात में जब तुम डरे हुए हो, ज़्यादा दूर तक नहीं जा सकते-हम बच्चे हिल भी नहीं सकते थे, हमारे पैर सुन्न पड़ जाते थे।

दूसरे दिन पिता इस शर्मनाक काम के लिए डाँटते थे।

मुझे सोना पसन्द था। रात में नहीं, सुबह-सुबह। छत के नीचे हमारी खिड़की से धूप मुझ तक न पहुँच जाय तब तक सोना पसन्द था। जब मक्खियाँ पहले से ही भिनभिना रही हों और तुम्हारी नाक की तरफ़ दौड़ती हों।

ओह। कितनी देर तक सोएगा?

पिता हाथों में पट्टा लिये अन्दर आते हैं और मुझसे कहते हैं :

"ऐ लगता नहीं है तुम्हें स्कूल जाना है?"

मैं नीले पर्दों की तरफ़ देखता हूँ, मकड़ी के जालों से भरी छत की ओर देखता हूँ, खिड़की की चौखट और घर। और सोचता हूँ : "ठीक है, सब लोग उठ चुके हैं। बहुत हो चुका शरीर तोड़ना।"

चौके का दरवाज़ा खुलने की आवाज़ आती है। औरतें अन्दर आ चुकी हैं।

"तुम्हें कुछ अच्छी मछली खाना चाहिए।"

मैं उठ जाता हूँ। मुझे पता नहीं क्या समय हुआ है। सुबह हो चुकी है। चाय मेज़ पर रखी है। उसके रंग के बारे में बताना असम्भव है। उसकी ख़ुशबू के बारे में भी। मीठा द्रव्य, बन के साथ मेरे गले के नीचे उतरता जाता है।

शुक्रवार, मेरे पिता के नहाने का दिन। माँ भक्तिभाव से गर्म पानी लाकर देती है। पिता पानी डालते हैं यहाँ-वहाँ, सिर पर, छाती पर अपने काले हाथों पर और नाराज़ होते रहते हैं कि कुछ भी चीज़ जगह पर नहीं है, यहाँ तक कि नहाने का साबुन भी।

“आठ बच्चों का पूरा परिवार मेरे पास है और कोई जरा भी सहायता नहीं करता।”

मैं अपने आँसू पी जाता हूँ, अपनी कला की बेचारगी और अपने भविष्य के बारे में सोचता हूँ। साबुन की गन्ध भरी भाप मुझे घेर लेती है।

साबाथ की ख़ुशी में जलाई गयी मोमबत्तियाँ मेरा गला काट जाती हैं। ठीक वैसे ही जैसे मेरे नाना के यहाँ गाय का गला कटता था। ख़ून की पवित्रता। वह गरम और आक्रामक है।

साबाथ का खाना, पिता के हाथ, उनका निखरा चेहरा, उनकी सफ़ेद शर्ट, मुझे शान्त कर देती है। सब कुछ अपनी जगह पर है। खाना परोसा जा चुका है। ओह! मेरी भूख।

भरवाँ मछली, गोश्त गाजर के साथ, नूडल्स, बछड़े के पैरों की जै, गोश्त का शोरबा, फलों का मुरब्बा, सफ़ेद डबल रोटी। बढ़ती इच्छा।

पिता सो गये हैं।

मैं हमेशा उन्हें ईर्ष्या से देखता जब उन्हें गोश्त परोसा जाता, खासकर भुना हुआ। कितनी उत्सुकता से मेरी आँखें उस बर्तन का पीछा करती, जहाँ से उसे उठाया जा रहा है और जहाँ उसे रखा जा रहा है, जब मेरी माँ पिता को प्लेट में परोस रही है।

क्या छोटा-सा टुकड़ा भी नहीं बचा, कम से कम एक छोटी-सी हड्डी ही सही, जिसे मैं भी खा सकूँ?

पापा, थके, दुखी, खा चुके, कोई मुश्किल से ही उनके बारे में बता सकता है। उनकी मूँछें बिना आनन्द के ऊपर नीचे हो रही हैं। मैं उन्हें ताकता रहता हूँ, कुत्ते की तरह। ताकने वाला मैं ही अकेला नहीं हूँ।

मेरे आसपास में खड़े और बैठे मेरे छोटे भाई-बहन और कुछ दूर, मेरा भाई। हम सब भुना हुआ गोश्त खाने को तरसते रहते। स्वादिष्ट!

मैं सोचता हूँ : कभी मैं भी पिता बनूँगा, घर का मालिक और मन भर कर भुना गोश्त खा सकूँगा, जब चाहूँ। साबाथ का यह खाना मुझे दूर, बहुत दूर ले जाता है और याद दिलाता है कि जीवन का एक मतलब है।

गोश्त का आख़िरी टुकड़ा पिता की प्लेट से माँ की प्लेट में जाकर वापस लौट आता है।

“तुम खा लो।”

“नहीं। तुम खा लो।”

पिता अपनी प्रार्थना करने के पहले ही सो चुके हैं (और क्या कर सकता है कोई?) माँ अलाव के सामने राब्बी गीत गा रही है, हम

सब दोहराते हैं।

मैं अपने नाना को याद करता हूँ, थोथा व्यापारी। मैं याद करता हूँ अपनी मील का पहिया और सुबकता हूँ, अलाव से बहुत दूर, पर्दे के पीछे, अपनी माँ के कपड़ों के किनारे को पकड़कर।

वह शब्दों को खींचते हुए ऊँची आवाज़ में आँसुओं से भीगा चेहरा लिये गाना ख़त्म करती है।

किसी का भी दिल (मेरा नहीं) फट पड़ेगा उस रात यह सब देखते और सोचते कि गली में कोई नहीं है। सिर्फ़ लैम्प्स बुरी नज़र डालते हुए और फिर...।

कमरे की मोमबत्ती जलकर आकाश में विलीन हो जाती है।

तेज़ गन्ध। मेरे सर में दर्द हो रहा है।

मैं आँगन में जाने से डरता हूँ।

एक दिन, देर शाम को मैं वहाँ एक चोर से मिला। उसने पूछा : ''यहाँ मधुशाला किस तरफ़ है? मैं कब्रिस्तान से आ रहा हूँ।''

सब सोने जा रहे हैं किन्तु दूर बाज़ार से संगीत की ध्वनियाँ आ रही हैं। पार्क में लोग टहल रहे हैं।

वृक्ष एक-दूसरे पर झुक रहे हैं, वे झुकते जो हैं अँधेरे में, पत्तियाँ सरसराती हैं।

साबाथ की रात को ही हम सब बच्चे मेज़ के इर्द-गिर्द इकट्ठा होते थे। किन्तु बाक़ी सप्ताह पापा वहाँ अकेले बैठते हैं, रात के दस बजे तक, अपनी चाय पीते हुए। मेरी बड़ी बहन, अनियोता, हरिंग मछली लेने के लिए आती है। भण्डार घर, जो घर के शुरू में ही है, से मछली निकाल उन्हें पूँछ से उठाये ले जाती है। छोटी बहनें, कुछ देर बाद आती हैं और हर बार अपने साथ हरिंग ले जाती हैं।

हरिंग, अचार, पनीर, मक्खन और बड़ी-सी काली डबल रोटी, सब टेबल पर हैं। लैम्प की रोशनी बमुश्किल इन तक पहुँचती है। यह हम सबका खाना है।

शुद्ध आनन्द।

सप्ताह में एक दिन, दूसरी चीज़ों के साथ मुझे दिया जाता था काला 'काशा'। मेरे लिए इससे ज़्यादा शैतानी भोजन और कुछ न था। उसके दाने मेरे मुँह में हैं, यह विचार ही मुझे पागल कर देता है। जब कि मेरा मुँह भरा है, मरे हुए मृग से।

हालाँकि मैं बाद के सोवियत दिनों में बाजरा और ज्वार से बने खाने को पसन्द करने लगा था, खासकर उस वक्त जब मेरी पीठ पर एक बोरा लदा होता था।

नियम से, खाने के समय मैं सो जाऊँगा, पूरी तरह तैयार, और माँ आकर सबसे पहले मुझे उठाएगी।

"पता नहीं इसके साथ क्या है : जैसे ही खाना तैयार होता है, यह सो जाता है। मेरे बेटे चलो, और खाना खा लो।"

"क्या है?"

"कुछ दलिया?"

"किसका।"

"गेहूँ और दूध।"

"मैं सोना चाहता हूँ माँ।"

"पहले खा लो।"

"मुझे पसन्द नहीं है।"

"आओ, थोड़ा-सा खा के देखो : यदि तुम्हें अच्छा नहीं लगता है, या चक्कर आते हैं, तो मत खाना।"

मैं कुबूल करता हूँ। कई बार मैं जान-बूझकर गश खा कर गिर पड़ा।

कभी-कभी वे मुझे बेहतर खाना देते थे। किन्तु वे दिन कुछ और थे। दूसरी जगहें थीं और किन्हीं दूसरे कारणों से।

सर्दियों में मेरे पैर मुझे बाँधे रहते, किन्तु मेरा सिर चकराता था। मैं काले लोहे के अलाव के सामने गठरी की तरह बैठकर ख़ुद को गर्म किया करता था।

सामने कुर्सी पर रानी की तरह माँ बैठी है, चौड़ी छाती और मोटा पेट लिये।

पिता ने समोवर गर्म किया है, वे सिगरेट बना रहे हैं।

वहाँ शक्कर का बर्तन रखा है। कितना ख़ुश हूँ मैं। माँ बात करती है और करती जाती है, अपनी उँगलियों से मेज़ बजा रही है, बीच-बीच में अपने बाल झटके से पीछे फेंकती है।

उसकी चाय ठण्डी हो चुकी है। अपनी सिगरेट देखते हुए पापा उसकी बातें सुन रहे हैं, रोल की हुई सिगरेटों का एक पहाड़ खड़ा हो चुका है।

3.00 रात्रि।

मैं बिस्तर में हूँ। दीवाल पर शायद तौलिये की छाया बन रही है। मुझे वह भूत की तरह दिखायी देती है, एक आदमी, एक चाचा पवित्र वस्त्र पहन रहे हों।

अचानक वह मुस्कुराता है। मुझे भुतहा लगने लगता है। या वह मेरी कोई चाची नज़र आने लगती है या वह भेड़ है।

मैं माता-पिता के शयन कक्ष में जाता हूँ। वहाँ जाने से मैं डरता हूँ, खासकर जब मैं देखता हूँ पिता बिस्तर पर पसरे हैं, दाढ़ी हवा में, मुँह खुला हुआ और खर्राटों की आवाज़ गूँज रही है।

दरवाज़े से मैं फुसफुसाता हूँ :

"माँ! मुझे डर लग रहा है।"

स्वप्न से भरी आवाज़।

"क्या चाहिए तुम्हें।"

"मैं डर रहा हूँ।"

"अपने बिस्तर पर जाओ।"

और मैं एकदम शान्त हो जाता हूँ। घासलेट से जल रही चिमनी की रोशनी मेरी आत्मा को अपने अधिकार में ले लेती है और मैं धीरे-धीरे अपने बिस्तर पर वापस आ जाता हूँ, मेरे पैरों की तरफ़, मेरा भाई, डेविड सो रहा है।

अभागा डेविड! अब वह अपनी कब्र में लेटा है, अपनी धरती में-अभी-भी छोटा-सा, वह मुझे बहुत प्यार करता था-उसका नाम क्षितिज की रेखा से भी सुन्दर था मेरे लिए। और उसकी साँसें मेरी जन्मभूमि की ख़ुशबू ले आती थीं।

मेरे भाई! मैं तुम्हारे लिए कुछ नहीं कर पाया। तपेदिक। मृत्यु का प्रतीक। हम सबसे अलग कर दिया गया। लगातार क्षरण।

किन्तु इसके पहले हम दोनों एक ही बिस्तर में साथ सोते थे।

रात में मुझे लगता दीवारें नज़दीक आ रही हैं। छत पर तरह-तरह की छायाएँ बन रही हैं। मैं अपना चेहरा तकिये में छिपा लेता हूँ। अचानक सिर के पीछे से चूहे की आवाज़ आती है। गुस्से में मैं तेज़ी से उसे पकड़कर अपने छोटे भाई के पैरों की तरफ़ फेंक देता हूँ। डरा हुआ, वह उसे वापस मुझ पर फेंक देता है, देर तक यह खेल चलता, अन्त में हम दोनों जाकर उसे चूहेदानी में डाल आते। ठण्डी सुबह, सुबह का हल्का प्रकाश खिड़की की चौखट से झाँकता है और हम दोनों सो जाते हैं।

जब मैं ज़्यादा डर जाता माँ अपने पास बुला लेती।

वह सबसे अच्छा आश्रय था। अब कोई तौलिया, भेड़ या बूढ़े आदमी में नहीं बदल सकता और न ही कोई समाधिस्थ आकृति, ठण्डी खिड़कियों के ऊपर उड़ सकती है।

ड्राईंग रूम में रखा लम्बा और गहरा आईना अब और नहीं डरा सकता। उसकी फ्रेम के क़िनारों में बहुत पहले मरे मेरे पुरखे रहते,

और युवा लड़कियों की मुस्कुराहट।

जब तक मैं माँ के बिस्तर में हूँ न तो मुझे लटकता हुआ लैम्प डरा सकता न ही रखा हुआ सोफा।

मगर मैं डरा हुआ हूँ। उसके स्थूलकाय शरीर से, तकिये की तरह फूले स्तनों से। उसके शरीर की कोमलता, उसकी उम्र और उसके बच्चों के बोझ से, मायके में उठाये गये दुखों से, दिन-भर किये गये काम के दौरान देखे गये सपनों की मिठास से, उसके पाँव मोटे और रबर के समान हैं-अचानक इन सबसे छू जाने पर मैं डरता हूँ।

हमारे बचपन की बीमारियाँ ज़्यादातर माँ के सपनों से शुरू होती हैं।

रात!

सर्दियों की ठण्डी रात। घर सो रहा है।

अचानक गली से हमारी मृत दादी-छाना-की छाया जोर से रोशनदान बन्द करते हुए कहती : "लड़कियों! इतनी ठण्ड में तुम लोगों ने खिड़कियाँ क्यों खुली छोड़ दीं?"

किसी दूसरे दिन, सफ़ेद पोशाक में एक बूढ़ा आदमी, दूसरे संसार से घर आकर, लम्बी दाढ़ी वाले एक चाचा खड़े हैं, उदारता चाहते हैं। मैं उन्हें डबल रोटी का एक टुकड़ा देता हूँ। बिना शब्द कहे वह छूते हैं। डबल रोटी गिर जाती है। 'छाजिया' पीकर मेरी माँ कहती है, "जाकर बच्चों को एक बार देख आओ।"

इस तरह हम बीमार पड़ते थे। छतें और छप्पर, पाट, आँगन और उन सबके पीछे का दृश्य, वे मुझे आकर्षित करते थे और जो कुछ भी वहाँ था, उसे आप देख सकते हैं मेरे चित्र 'अवर टाउन' 'our town' में। या फिर मैं आपको बता सकता हूँ।

शौचालयों की कतार, छोटे घर, खिड़कियाँ, प्रवेश द्वार, मुर्गे, एक बन्द फैक्टरी, चर्च, एक छोटी पहाड़ी (बन्द पड़ा एक पुराना कब्रिस्तान)। अपनी अटारी की खिड़की से मैं नीचे झुककर कुछ और विस्तार से देख पाता था।

मैं गर्व से अपना सिर बाहर निकालता। ठण्डी और नीली हवा में गहरी साँस खींचता। चिड़ियाएँ मेरे पास से उड़ती जातीं। मैं सुनता हूँ एक महिला का प्रदर्शन।

मैं उसके पैर और लम्बे मोजे देखता हूँ। वह मेरे विशिष्ट बर्तनों को ख़राब कर रही है। मैं उन्हें चाहता हूँ, मेरे पत्थर। वह शादी के लिए जाने की जल्दी में है। उसके कोई बच्चे नहीं हैं।

वहाँ वह अपने मंगेतर के भाग्य पर रोएगी।

मुझे शादी में बाजा बजाने वाले पसन्द हैं, उनके कपड़ों की आवाज़ और नाच।

मैं भी जल्दी करता हूँ, अपनी माँ के पीछे खड़े होकर रोता हूँ। जब पादरी जोर से गाते हुए चिल्लाता है, उस वक्त मुझे रोना ज़्यादा

पसन्द है।

"मंगेतर, सोचो क्या तुम्हारा इन्तज़ार कर रहा है।"

क्या इन्तज़ार कर रहा है?

इन शब्दों के साथ मेरा सिर हौले से अपने धड़ से अलग हो-रसोई घर में उड़ने लगता है, जहाँ मछली पकाई जा रही है।

बस बहुत हो गया! और ज़्यादा रोना नहीं!

लोग अपनी नाक साफ़ कर रंगीन काग़ज़ के टुकड़ों को वर-वधू के ऊपर बादलों में उड़ाते हैं।

बधाइयाँ! बधाइयाँ!

दादा-दादियाँ, जवान लड़कियाँ, भिखारी और बाजे वाले सब गोल घेरे में नृत्य करते हैं, तालियाँ बजाते और एक-दूसरे का हाथ पकड़े।

एक-दूसरे को चूमते हुए हम गाते हैं, हम नाचते हैं, एक गोल घेरे में।

"बधाइयाँ!"

और मैं किसे चूमूँ?

किसी को ढूँढ़ना होगा। कोई भी हो। मैं एक बुढ़िया या एक दाढ़ी वाले आदमी को तो चूम नहीं सकता।

हमारे पीछे एक गाड़ीवान रहता था।

वह और उसका घोड़ा बराबर का काम करता था। घोड़ा अपनी क्षमता-भर बोझ लादकर ले जाता किन्तु वास्तव में वह बोझ गाड़ीवान लादे रहता।

वह लम्बा और दुबला-पतला था, अपने घोड़े से ऊँचा, अपनी गाड़ी से लम्बा।

जब हाथ में चाबुक लिये वह गाड़ी पर बैठकर कोड़ा फटकारता हुआ लगाम सम्हालता तो लगता कि पाल वाली नाव पर सवार है। मगर वहाँ हवा न थी।

उसके विपरीत चारों तरफ़ ठण्डा ख़ुशनुमा वातावरण होता।

उसकी कमाई ज़्यादा न थी। उसकी पत्नी घर में ब्राण्डी बेचा करती थी। (अवैध रूप से), किन्तु उसका पति ही छुपकर ज़्यादातर शराब पी जाता।

और यह समय उस गली की शान्ति भंग होने का होता।

वह गाना नहीं जानता था। नशे में धुत, घोड़े के सामने बैठा हिनहिनाता रहता। ज़रूर घोड़ा हँसता होगा।

किन्तु गाड़ीवान अपने घोड़े को भूलकर, गाड़ी के आगे-पीछे लड़खड़ाता रहता।

हमारे सामने मुश्किल से दिखायी देता एक दूसरा घर था। वहाँ तांजका, धोबन और एक चोर रहते थे। घर के आधे हिस्से में एक चिमनी साफ़ करने वाला अपनी पत्नी और बहुत सारे बच्चों के साथ रहता था।

वहाँ से हमेशा झगड़ने की आवाज़ आती रहती।

पानी की बाल्टी के पास लगे स्टोव पाइप से यह आवाज़ें बाहर आती रहतीं।

जब तब अपने पति को दिनभर गाली बक लेने के बाद पत्नी बाहर बेंच पर ताज़ी हवा में साँस लेने आ बैठती।

जब भी इस वक्त यदि मैं बाहर निकलता, वह अपना सिर हिलाती, जिसका अर्थ होता : ''आह! तुम क्या सोचते हो उसके बारे में। वह सत्यानाशी? और वह हमेशा सोचता है कि वही ठीक है!''

बायीं तरफ़ एक दूसरे लकड़ी के घर में, एक आदमी और एक लड़का रहते हैं।

वे घोड़ों का अवैध व्यापार करते थे। वे उड़ते कबूतरों को अड्डों से उड़ाकर चुराते।

अक्सर गली में झगड़ते रहते।

एक दिन मैंने सोचा कि उनमें से एक आदमी मुझे चुराकर ले जाने की सोच रहा है, जैसा कि मैं छोटा-सा था।

चिमनी साफ़ करने वाले के घर के पास, नानबाई रहता था, हमारे गली में सबसे विख्यात प्राप्त परिवार।

सुबह पाँच बजे से उनके घर की खिड़की से रोशनी दिखायी देने लगती। भट्टी जल चुकी है। रसोई घर अच्छा गर्म है।

ताजे पके हुए बेकरी के सामान से टोकरियाँ भरी जा रही हैं, और सुबह-सुबह, ख़ुशी से मैं ख़रीदने दौड़ जाता था। लौटता था गर्व से अपने हाथों में गर्म-गर्म सामान लिये।

पता नहीं किस निग़ाह से मैंने पड़ोस में रहने वाली लड़की को देखा था। जवानी की उत्तेजना उस लड़की में इस हद तक जा पहुँचती, कि सम्मोहित-सी वह, मेरे पीछे आँगन तक खिंची चली आती, कुछ देर एक-दूसरे को सताने के बाद, हम लोग चले जाते।

मुझे ठीक याद नहीं कितने वर्ष का था, जब मैं ओल्गा के साथ खेल रहा था, मैंने उसकी गेंद वापस लौटाने से इनकार कर दिया, जब तक वह अपनी टाँगें मुझे न दिखा दे।

''मुझे अपनी टाँग दिखाओ, थोड़ा और ऊपर तक, और मैं तुम्हारी गेंद वापस कर दूँगा।''

अब मुझे यह छल-कपट अचम्भित करता है। और मैं उसके सफल न हो पाने पर खीजता हूँ। फिर भी उन दिनों जब मैं लड़कियों,

पंखों आदि से नहीं खेलता था और अपने दोस्त के साथ उन पाटों पर चढ़ना बन्द कर दिया था..., मेरे रोंगटे खड़े हो जाते थे।

वह कुछ दिन थे जिन्हें मैंने सिर्फ़ नावों पर गुज़ारा है। मैं नहाया, कपड़े पहने और फिर कूद पड़ा। हालाँकि मैं गहरे पानी में जाने से संकोच करता था। मेरे स्कूल के दोस्त मेरा मज़ाक उड़ाते थे।

"लो, देखो कितना छोटा बच्चा है यह।"

मुझे सबसे ज़्यादा उस लाल सिर वाले बदमाश ने तंग किया।

हमेशा एक ही बात।

क्या वह मुझसे बेहतर था, कितना मूर्ख है वह, एक बिगड़ा हुआ छोकरा लम्पट।

मैं अकेला नदी में हूँ। मैं नहाता हूँ। मुश्किल से पानी को छेड़ता हूँ।

मेरे चारों ओर शान्त शहर है। दूधिया आसमान, गहरा नीला। बायीं तरफ़ से हल्का नीला और ठीक मेरे ऊपर दैवीय ख़ुशियाँ चमकाता।

अचानक दूसरे किनारे से, धुएँ का बादल उठता है, इबादतग़ाह की छत के नीचे से। और तुम साफ़ सुन सकते हो तोराह और वेदी के जलने की चीख़ें।

खिड़कियों की चौखटें टूटती हैं।

जल्दी से पानी के बाहर निकलो!

नग्न, मैं अपने कपड़े उठाने के लिए भागता हूँ।

आग, कितनी पसन्द है मुझे!

हर तरफ़ से ज्वालाएँ निकल रही हैं। लगभग आधा आसमान काले धुएँ से भर चुका है। उसका प्रतिबिम्ब पानी में बन रहा है।

दूकानें बन्द हो चुकी हैं।

लोग, घोड़े, फर्नीचर-सब कुछ और हर कोई, गति में है।

चीख़ना, चिल्लाना, पानी से आग बुझाना।

अब मुझे बहुत पसन्द, बहुत प्रभावित करता है, वह घर, जहाँ मैं पैदा हुआ था।

मैं उसकी ओर दौड़ता हूँ, उसे देखने के लिए, उसे, अलविदा कहने के लिए।

जलती चिनगारियाँ, अँगारे, छायाएँ, पहले से छत पर गिर रही हैं।

जैसे कि वह ग़ायब हो रहा हो।

मेरे पिता और मैं, और पड़ोसी, उसके ऊपर पानी डालते हैं, घर उसे सोख लेता है, हम बचा लेते हैं उसे।

शाम के वक़्त, मैं छत पर, जले हुए शहर को, अच्छी तरह से देखने के लिए चढ़ता हूँ।

हर चीज़ टूट रही है, गिर रही है, धुएँ में डूबी है।

दुखी और उदास, मैं अपने घर में जाता हूँ।

◀ Dinging Room

पाँच

बल्लेबाजी और बैडमिण्टन, मेरे नहाने और छतों पर खड़े होकर जलते हुए शहर को देखने के कौशल के अलावा, कुछ और भी प्रतिभाएँ मेरे पास थीं।

वितेब्स्क से आती मेरी बचपन की आवाज़ को क्या आपने सुना नहीं?

हमारे आँगन में एक बूढ़ा आदमी रहता था।

छोटा और काफ़ी मोटा।

उसकी लम्बी काली दाढ़ी, बीच-बीच में कहीं सफ़ेद। लगातार उड़ती रहती, कभी हवा में कभी ज़मीन की तरफ़।

वह शिक्षक और गायक था।

दोनों ही मोर्चों पर विफल।

मेरी प्रारम्भिक शिक्षा वहीं से शुरू हुई और मैंने गाना भी उसी से सीखा।

मैं क्या गाता था? कहाँ से मैंने सीखा कि इस आवाज़ का इस्तेमाल सिर्फ़ अपनी बहन से झगड़ने, और चिल्लाने के लिए नहीं है? मेरी आवाज़ अच्छी थी और मैं काफ़ी ऊँचे तक गा सकता था।

सड़क पर गुज़रने वाले पलटकर देखते, और कभी नहीं पहचान पाते कि यह गाना है। वे ख़ुद से कहते :

''वह पागल है। ठीक है, मगर वह क्या चिल्ला रहा है?''

मैं उस गायक के सहायक के रूप में काम करने के लिए तैयार हो गया। पवित्र दिनों में, पूरी इबादतग़ाह और मैं ख़ुद भी, सुन सकता हूँ अपने उच्चतम स्वर को हवा में उड़ते।

मैं मुस्कुराहट देखता हूँ, और श्रद्धालुओं के चेहरों पर रुचि भी। मैं सपना देखता हूँ :

''मैं गायक बनूँगा, एक गायक। मैं संगीत विद्यालय जाऊँगा।''

हमारे प्रांगण में एक वायलिन बजाने वाला रहता था। वह कहाँ से आया है? यह मैं नहीं जानता। दिन में वह एक लोहार के यहाँ बाबूगिरी करता : शाम को वह संगीत की शिक्षा देता था।

मैंने कुछ उससे सीखा।

इससे फ़र्क़ नहीं पड़ता कि मैं क्या और कैसा बजा रहा हूँ? मैं बजाता था, वह ताल को अपने पैरों से ठोंकता हमेशा कहता ''बहुत अच्छे!''

और मैं सोचता : मैं वायलिन बजाने वाला बनूँगा, मैं संगीत विद्यालय जाऊँगा।

लियोज्नो में, हर घर में, हमारे रिश्तेदार, हमारे पड़ोसी, मुझे नृत्य के लिए बुलाते थे, मेरी बहन के साथ। मैं सौम्य, अपने घुँघराले बालों के साथ।

मैं सोचता था : मैं नृत्य सीखूँगा, मैं जाऊँगा...पता नहीं कहाँ।

दिन और रात मैं कविता लिखता था।

लोग उसके बारे में अच्छी बातें करते थे। मैं सोचता था : मैं एक कवि बनूँगा, मैं जाऊँगा...।

मैं नहीं जानता था कि ख़ुद को कहाँ ले जाऊँ?

शरद ऋतु में क्या आपने हमारी दिवना नदी को देखा है?

नहाने के लिए बनी छोटी झोपड़ियाँ हटा ली गयी हैं। अब कोई नहीं नहाता। ठण्ड बढ़ गयी है।

नदी के किनारे खड़े यहूदी अपने पाप उसमें सिराते हैं। छाया में एक नाव तैरती जा रही है। चप्पूओं की आवाज़ आप सुन सकते हैं। गहरे पानी में, सिर नीचे की तरफ़, मेरे पिता का प्रतिबिम्ब मुश्किल से हिलता है।

वह भी अपने कपड़ों से पाप की धूल छितरा रहे हैं।

उन पवित्र दिनों में वे मुझे अलस्सुबह, एक या दो बजे उठा देते थे और मैं इबादतग़ाह में गाने के लिए दौड़ जाता था। क्यों कोई व्यक्ति उस अँधेरी रात में इस तरह भागता है? मैं अपने बिस्तर में ज़्यादा सुखी था।

अँधेरे में सब लोग इबादतग़ाह की ओर हड़बड़ी में जा रहे हैं, अपनी नींद भगाते। अपनी प्रार्थनाएँ समाप्त करने के बाद ही सब लोग घर लौटेंगे।

चाय और केक के साथ सुबह, प्राचीन स्मृति चिह्न के रंग और आकार, सुरुचि से जमाई गयी खाने की मेज़ पर हर कोई छोटी प्रार्थना करता है।

रात के पहले, प्रायश्चित के दिन, विशेष पकवान बनते हैं।

एक शाम मुर्गे व शोरबे की।

दूर जलती हुई मोमबत्तियाँ।

जल्दी ही उन्हें इबादतग़ाह ले जाया जाएगा।

वे पहले से ही अपने रास्ते पर हैं, सफ़ेद मोमबत्तियाँ विशेष रूप से बनाई गयी हैं, प्रार्थना और विनती करती।

वे मोमबत्तियाँ जलती हैं मृतकों के लिए, मेरी माँ के लिए, मेरे पिता के लिए, मेरे भाइयों के लिए, मेरे दादा और नाना के लिए, और उन सबके लिए जो पृथ्वी के भीतर लेटे हैं।

हज़ारों मोमबत्तियाँ जल रही हैं, जैसे जलती हुई असंख्य मणियाँ, मिट्टी के डिब्बों में रखी।

वे धधकती हुई ऊपर उड़ती हैं।

चेहरे, दाढ़ियाँ, सफ़ेद धब्बे, एक-दूसरे से सटे, कुछ बैठे या झुकते हुए।

गिरजाघर में घुसने से पहले मेरे पिता रुकते हैं और लगभग हाँफते हुए मेरी माँ को प्रार्थना के वे पन्ने दिखाते हैं जिन्हें दोहराना है।

''फिर यहाँ से यहाँ तक और फिर यहाँ।''

बेंच पर बैठकर वे उन पन्नों पर पेन्सिल और नाख़ूनों से निशान लगाते हैं।

किसी एक कोने पर वे लिखेंगे : ''यहाँ से शुरू करो।''

उसको छूते हुए पैराग्राफ़ पर वे लिखेंगे : ''यहाँ रोना।'' कहीं दूसरी जगह : ''यहाँ गायक को सुनना।''

और माँ गिरजाघर जाती हैं, इस बात से निश्चिन्त कि वे ठीक जगह पर रोएँगी, व्यर्थ आँसू नहीं बहाएँगी।

बीच में कभी यदि उससे प्रार्थना का धागा छूट जाता था, वह बाल्कनी से जहाँ औरतें बैठती हैं, नीचे झाँकती थी।

''जब रोना संकेत आता, वह औरों की तरह अपने पवित्र आँसू बहाती थीं। उसका चेहरा लाल हो जाता था और छोटे हीरे बूँद-बूँद पन्नों पर टपकने लगते।

पापा सफ़ेद कपड़ों में हैं।

एक साल, प्रायश्चित के दिन पर वे मुझे सन्त एलीजाह की तरह दिखे।

उनका चेहरा और दिनों के अलावा ज़्यादा फीका था, आँसू बहाने के बाद ईंट की तरह लाल दिखायी देने लगा।

वे बहुत सहज ढँग से रोते थे, शान्त और ठीक ज़गहों पर।

एक भी अतिरिक्त हाव-भाव नहीं।

कभी-कभी वे जोर से रोते आह! आह! कभी वे पड़ोसी को चुप रहने के लिए कहते या फिर थोड़ी-सी तम्बाकू माँगते।

और मैं, पूजा घर से बाहर बग़ीचे में भाग जाता। जल्दी ही एक बड़ा हरा सेब तोड़ लेता।

उपवास के दिन उसे खाने के लिए।

मेरे इस पाप को सिर्फ़ नीले आसमान ने देखा है। और मेरे दाँत सेब के रस से भरे, आवाज़ करते हैं।

मैं कभी-भी शाम तक भूखा नहीं रह पाता, माँ पूछती : ''क्या तुमने उपवास किया।''

मैं अपराधी की तरह कहता—''हाँ।''

मेरे पास कोई शब्द नहीं है शाम की प्रार्थना का वर्णन करने के लिए।

उस घण्टे मुझे सारा गिरजाघर सन्तों से भरा दिखायी देता।

धीरे-धीरे गम्भीरता से, सारे यहूदी अपनी पवित्र भावनाओं को उजागर करते। आँसुओं से भरा वह प्रार्थना दिवस। उनके वस्त्र पंखों की तरह फैल जाते। उनकी आवाज़ों का कोलाहज मँजूषा बेधता हुआ, जिनकी शिराएँ छुपी नहीं है दिख रही हैं।

मेरा दम घुट रहा है। मैं हिलता तक नहीं।

दिन बिना अन्त के! मुझे ले चलो, मुझे अपने पास बुला लो, कुछ कहो, कुछ समझाओ।

पूरे दिन मैं सुनता रहता हूँ, आमीन! आमीन! उन्हें घुटनों पर झुकता हुआ देखता हूँ।

''अगर तुम हो-मुझे नीला बना लो, आग्नेय, रजत, मुझे छुपा लो, वेदी में तोराह के साथ! कुछ तो करो, ईश्वर, हमारे लिए, मेरे लिए।''

हमारी आत्माएँ उड़ती हैं और पीछे रंगीन खिड़कियों के पल्ले, बाँहें फैलाते।

बाहर, पहाड़ी पीपल की सूखी शाखाएँ शान्त झूम रही हैं।

दिन की रोशनी में छोटे बादलों के टुकड़े एक-दूसरे में घुल रहे हैं।

जल्द ही चाँद, आधा चाँद निकलेगा।

मोमबत्तियाँ अपने आख़िरी सिरे तक जल चुकी हैं और छोटी रोशनी पवित्र हवा में चमक रही है।

अब मोमबत्तियाँ चाँद तक पहुँच रही हैं, अब चाँद हमारी बाँहों की तरफ़ उड़ता चला आ रहा है।

एकमात्र सड़क प्रार्थना कर रही है। मकानात रो रहे हैं।

और इन सबके ऊपर आसमान तना हुआ है।

सितारे निकल आये हैं और ताज़ी हवा तुम्हारे खुले मुँह में प्रवेश करती है।

हम घर लौटते हैं।

क्या इससे हल्की शाम, इससे पारदर्शी रात हो सकती है, इस दिन?

पापा अपने बिस्तर पर जाते हैं, भूखे और थके हुए।

उनके पाप क्षमा कर दिये गये हैं और माँ के भी। अकेला, शायद मैं ही थोड़ा-सा पापी बचा हूँ।

और गुज़रने वालों! न तो निष्प्राण डबल रोटी, न ही सही जन, कुछ भी नहीं मुझे उत्तेजित करते हैं जैसे कि हग्गादाह, उसकी रेखाएँ, उसके चित्र और लाल शराब से भरे ग्लास। मैं वे सारे ग्लास पी जाना चाहता हूँ।

असम्भव।

कभी-कभी मुझे पिता के ग्लास में शराब और ज़्यादा लाल दिखती है।

अपने प्रतिबिम्ब में गहरी बैंगनी, शाही, यहूदियों के लिए घेटो पर लगाया गया चिह्न और तपती दोपहरी का अरब रेगिस्तान, अपनी पीड़ाओं के साथ।

रात की रोशनी, ऊपर लटकते लैम्प से नीचे बहतरी-कितना वज़न है मुझ पर।

ऐसा लगता है मुझे कि मैंने देखा रेत पर बाँधे गये तम्बुओं को : यहूदी, जलते सूरज के नीचे नग्न, गुस्से में बात कर रहे हैं हमारे बारे में, हमारे होने के बारे में-मूसा और ईश्वर।

मेरे पिता अपना ग्लास उठाते हुए मुझे दरवाज़ा खोलने के लिए कहते।

रात के इस प्रहर में, दरवाज़े के बाहर क्या सन्त एलीजा हैं?

सफ़ेद सितारों का जमघट, नीले मखमली आसमान में चाँदी से, घुसते चले आते हैं मेरी आँखों में और मेरे दिल में।

किन्तु एलीजाह कहाँ हैं और उनका सफ़ेद रथ?

क्या वे अभी भी बूढ़े चौकीदार के बहानों के बीच आँगन में लटके हुए हैं। हाथों में छड़ी और पीठ पर पुरानी थैली टाँगे बाहर एक भिखारी रुक गया है?

''यहाँ मैं हूँ। मेरी शराब का ग्लास कहाँ हैं?

गर्मियों में जब रईसों के बेटे छुट्टियाँ मनाने बाहर चले जाते हैं, मेरी माँ दयाभाव से मुझे कहती :

''सुनो बेटे यदि तुम चाहते हो तो पन्द्रह दिनों के लिए लियोज्नो चले जाओ, अपने नाना के पास।''

एक उपनगर, जैसा कि चित्र में है।

एक बार फिर मैं वहाँ था।

सारा घर, अपनी जगह है, छोटी नदी की तरह। पुल, सड़क सब वहीं हैं और चौगान में बड़ा-सा सफ़ेद गिरजाघर भी है। उसके चारों ओर, वहाँ रहने वाले सूरजमुखी के बीज, आटा और बर्तन बेच रहे हैं।

मोजिक, अपनी गाड़ी में ऐसा लगता है कि चला जा रहा है। वह एक से दूसरी दूकान तक जाता है।

एक प्राचीन व्यापारी या उसकी हमेशा गर्भवती पत्नी उसके पीछे-पीछे उसका मज़ाक उड़ाते जाती है :

''तुम्हें शैतान उठा ले जाएगा, इवान : क्या तुम मुझे जानते नहीं? क्या आज तुम्हें कुछ भी नहीं चाहिए?''

हाट के दिन वह जगह लोगों से भर जाती। उस छोटे से चर्च में दम घुटने लगता। मोजिक अपनी गाड़ियों में टोकरियाँ भरे, उसमें हर तरह का सौदा अच्छे से बाँधा हुआ, इतना कसकर बाँधा हुआ कि लगता ईश्वर को वहाँ से बाहर निकाल दिया गया हो।

चारों तरफ़ मनुष्य यन्त्रवत् चिल्लाते, बदबू मारते हैं। बिल्लियाँ रो रही हैं। अपनी टोकरियों में बँधे मुर्गे चीख़ रहे हैं, सुअर घुरघुरा रहे हैं, घोड़ी हिनहिना रही है।

आसमान में चमकते रंग तेज़ी से घूम रहे हैं।

किन्तु शाम होते-होते सब कुछ शान्त हो जाता है।

प्रतिमाएँ जीवन्त हो उठी हैं। रात को चौकीदारी के लिए रोशनियाँ जला दी गयी हैं। अपने बाड़े में मवेशी सो चुके हैं खाद में खर्राटे भरते हुए, पाटों पर मुर्गियाँ सो चुकी हैं, विद्वेष से अपनी पलकें झपकातीं।

व्यापारी हिसाब-किताब करने के लिए लैम्प के नीचे अपनी मेज़ों पर जा बैठे हैं। लड़कियाँ कोनों में ललकती अपने सूखे दूधिया स्तनों को फुलाती खड़ी हैं।

उन्हें दबा के देखो, एक सफ़ेद शक्कर-सा द्रव्य तुम्हारे गालों पर फैल जाएगा।

सम्मोहक सफ़ेद चन्द्रमा छतों के पीछे गोल हो जाता है और अकेला मैं, सपने देखता, उस चौगान में छूट जाता हूँ।

मेरे सामने एक पारदर्शी सुअर उल्लास से कीचड़ में अपने पाँव जमा रहा है।

मैं गली में हूँ। खम्भे झुके हुए हैं।

आसमान धूसर नीला है। वृक्ष खुले हुए झुक जाते हैं।

कितना मैं चाहता हूँ घुड़सवारी करना। मगर नाना का घोड़ा नहीं है। एक पुराना ठीकरा है, लम्बी गर्दन वाला।

मैं चाचा नूज से विनती करता हूँ-

"प्यारे चाचा मैं चाहता हूँ...मेरी बहुत इच्छा हो रही है..."

"क्या?"

"उस पुराने टट्टू पर सवारी करने की।"

"किन्तु तुम्हें पता नहीं है कैसे, तुम नहीं कर सकते।"

"ओह, मैं कर सकता हूँ...।"

वह पुरानी घोड़ी मेरे सामने खड़ी है, सिर झुका हुआ।

वह दुखी है, उसके होंठ क्राँप रहे हैं।

वह मुस्कुराती है, शायद घास देखकर।

अन्ततः मैं उस पर चढ़ने में सफल रहा। बिना पायचों के, और कुछ भी नहीं, तुम जानते हो उसका पेट मोटा था।

मेरे पैर दोनों दिशाओं में फैल गये, बाँहें ऊपर हवा में।

और वह पुरानी घोड़ी मुझे लिये भाग खड़ी हुई, मैं नीचे गिर चुका था, और उसकी दुलत्ती का इन्तज़ार कर रहा था। किन्तु वह अपनी पूरी शक्ति से, उन्माद में खुले मैदानों की तरफ़ दौड़ती चली गयी।

पूरी दोपहर हम लोग उसे खोजते रहे।

चाचा नूज मुझे डाँट रहे थे। वह घोड़ी कहाँ है? दूर जंगल में वह मिल जाती है, लड़खड़ाती हुई, उसकी छोटी घण्टी बज रही थी। शान्ति से घास खाते हुए।

◀ Pokrowskaja Street

छह

साल-दर-साल गुज़र रहे थे। मुझे दूसरों की तरह व्यवहार करना शुरू करना था, उनकी तरह बनने के लिए।
और एक ख़ूबसूरत दिन मैंने अपने शिक्षक के सामने मोहिलेफ के एक छोटे राब्बी को देखा।
जैसे वह अभी-अभी मेरे चित्र से बाहर निकला हो या किसी सरकस से भाग आया हो।
हमने उसे नहीं बुलाया था। वह अपने आप आया था, जैसे शादी कराने वाला नाई आता है या लाश उठाने वाला।
"एक मौसम, दो..." उसने मेरी माँ से कहा,
"कितना धाराप्रवाह बोलता है।"
मैं सीधे उसकी आँखों में झाँकता हूँ।
मैं पहले से ही जानता हूँ 'ए' के नीचे लाइन खींचने से 'ओ' बन जाता है किन्तु 'ए' के पहले ही मैं सो जाता हूँ : और रेखा मैं चाहता

हूँ...और ठीक उसी वक्त राब्बी सो जाता है।

कितना मज़ाकिया है वह।

मुस्तैदी से मैं रोज़ तूफ़ान की तरह उसकी कक्षा में जाता था, और हर रात हाथ में लालटेन लिये घर लौटता।

हर शुक्रवार वह मुझे नहलाता और बेंच पर लिटाता।

भुर्ज की लकड़ी हाथ में लिये, मेरे शरीर को ध्यान से पढ़ता, जैसे कि मैं बाइबिल हूँ।

मैं तीन राब्बी को जानता हूँ।

पहला, मोहिलेफ से आया खटमल की तरह।

दूसरा राब्बी ओहरे (इसकी कोई याद नहीं मुझे)

तीसरा प्रभावशाली व्यक्त्त्वि, राब्बी जात्काइन, जो जवानी में ही मर गया।

उसने मुझे टफलीन का वह प्रसिद्ध व्याख्यान पढ़ाया था, जिसका मैंने तेरह साल की उम्र में कुर्सी पर खड़े होकर सस्वर पाठ किया था।

यह मानता हूँ कि एक घण्टे के अन्दर, या उसके भी पहले उसे भूल जाना मेरा कर्त्तव्य था।

मेरा ख़याल है मोहिलेफ के उस छोटे राब्बी ने मुझ पर सबसे ज़्यादा प्रभाव डाला।

जरा कल्पना करें! हर शनिवार नदी में नहाने जाने की बजाय मेरी माँ उसके साथ बाइबिल पढ़ने के लिए भेज देती थी।

हालाँकि मैं जानता था कि उस वक्त (दोपहर के भोजन के तत्काल बाद) राब्बी और उसकी पत्नी साबाथ के खाने के सम्मान में नग्न सो जाते हैं। और फिर आप उसके पैण्ट पहनने तक इन्तज़ार कीजिए।

एक बार दरवाज़े पर दस्तक देते वक्त मैंने उनके कुत्ते का ध्यान आकर्षित कर लिया, एक लाल-भूरा, दोगला कुत्ता, तेज़ दाँतों वाला बूढ़ा और बदमिज़ाज।

अपने कान खड़े किये दबे पाँव सीढ़ियाँ उतरते हुए, मेरी तरफ़ आया और...।

उसके बाद क्या हुआ, मुझे याद नहीं। यह याद आता है कि मुझे बाहर के दरवाज़े से उठाकर ले जाया जा रहा है।

मेरी बाँह से ख़ून बह रहा है, मेरे पैर से भी।

उस कुत्ते ने मुझे काट लिया था।

''मेरे कपड़े मत उतारो, सिर्फ़ कुछ बर्फ़ यहाँ...''

"हमें जल्दी ही इसे इसकी माँ के पास ले जाना चाहिए।"

उसी दिन पुलिस ने कुत्ते का पीछा किया और मार डाला। उसे बारह गोलियाँ लगी थीं।

उसी रात इलाज़ के लिए चाचा के साथ मुझे पीटसबर्ग भेज दिया गया।

चिकित्सकों ने कहा मैं अगले चार दिन में मर जाऊँगा।

बहुत ख़ूब। हर कोई मेरी चिन्ता कर रहा है। हर दिन मैं मृत्यु के पास जा रहा हूँ। मैं नायक हूँ।

कुत्ता पागल था।

चिकित्सा के लिए पीटसबर्ग जाने का विचार मेरे लिए सम्मोहक था।

ऐसा लगता था कि मैं सड़क पर ज़ार से मिल सकूँगा।

नेवा नदी से गुज़रते वक्त मुझे यह ख़याल है कि पुल आसमान में तैर रहा है।

मैं कुत्ते का काटना भूल चुका था। सफ़ेद बिस्तर में अकेले लेटे रहना आनन्दित करता था। नाश्ते में अण्डे के साथ पीला शोरबा।

अस्पताल के बग़ीचे में टहलना मुझे अच्छा लगता था। साफ़ कपड़े पहने हुए बच्चों को खेलते देखना और मैं सोचता हूँ, मैंने राजकुमार को भी देखा। यह मुझ तक ही है कि मेरा अच्छा समय नहीं गुज़रा, मेरे पास कोई खिलौना नहीं था। पहली बार मैंने बहुत सारे, ख़ूबसूरत खिलौने देखे।

घर पर उन्होंने मुझे कभी खिलौना लाकर नहीं दिया।

मेरे साथ आये चाचा ने मुझे सलाह दी कि मैं चुपके से निर्लज्जतापूर्वक एक खिलौना ले लूँ। एक आराध्य खिलौना, मुझे कुत्ता काटी गयी बाँह से ज़्यादा उसकी चिन्ता थी।

किन्तु क्या छोटा राजकुमार मुझसे खिलौना वापस नहीं ले लेगा?

वहाँ की नर्सें मुझे देखकर मुस्कुराती थीं। उनकी मुस्कुराहट मुझे साहस देती। मगर हमेशा मुझे उस बच्चे के रोने की आवाज़ सुनायी देती जिसका खिलौना चुराया गया है।

अन्ततः मैं ठीक होकर घर पहुँच गया।

हमारा घर औरतों से भरा था, जो अपने अच्छे कपड़ों में थीं, गम्भीर-सा एक आदमी, उसका गहरा रंग दिन की रोशनी को धुँधला रहा था।

आवाज़ें, फुसफुसाहट। अचानक नवजात शिशु का कान फोड़ता विलाप।

माँ, अर्द्धनग्न, फीकी-सी, गालों पर फीका गुलाबीपन, बिस्तर में है। मेरा छोटा भाई अभी-अभी पैदा हुआ।

सफ़ेद मेज़पोश बिछा दिये गये हैं।

पवित्र कपड़ों की सरसराहट।

एक बूढ़ा आदमी प्रार्थना बुदबुदाता है, शिशु की नाल तेज़ छुरी से काट, अपने होठों से ख़ून चूसता, नवजात की चीख़ को अपने विलाप से दबा देता है।

मैं दुखी हूँ। चुपचाप दूसरों के पीछे पेस्ट्री, हरिंग और शहद का केक खा रहा हूँ।

हर बरस बीतने पर मैं अपने आपको अनजान देहरी की तरफ़ जाता देखता हूँ। विशेषकर उस दिन से जब मेरे पिता ने पवित्र वस्त्र पहनकर मेरे तेरह वर्षीय शरीर पर, मेरे बचपने पर, नैतिक ज़िम्मेदारी सौंपने की प्रार्थना का पाठ किया। अब मुझे क्या करना चाहिए?

क्या अनजान बालक बना रहूँ?

सुबह शाम जहाँ भी जाओ, कुछ भी खाओ और कुछ भी करो मैं प्रार्थना सुनता हूँ, तुरन्त ही, प्रार्थना करो। या पूजाघर से भागकर, किताबें, पवित्र वस्त्र फेंककर सड़कों पर घूमूँ, नदी किनारे?

मैं अपनी वयस्कता से डरा हुआ था। वयस्क आदमी होने के संकेतों से, दाढ़ी से भी।

उन एकान्तिक दुख भरे दिनों में, इन विचारों से अक्सर रात को मैं रोया करता, ऐसा लगता कोई मुझे मार रहा है या मेरे माता-पिता की मृत्यु की घोषणा कर रहा है।

आधे खुले दरवाज़े से मैं देखता हूँ, अँधेरे में डूबे बैठकखाने को, वहाँ कोई नहीं है। ठण्डा अकेला आईना अपने स्टैण्ड पर झूलता हुआ विचित्र रोशनी में चमकता है।

बहुत कम अवसरों पर मैंने शीशे में ख़ुद को देखा। मैं ख़ुद को पसन्द करने के कृत्य में पकड़े जाने से घबराता था।

अपने कोनों पर लम्बी नाक, अहा! चौड़ी, तीखी चेहरे की हड्डियाँ, असंगत रूपरेखा। कभी-कभी मैं शीशे के सामने विचारों में खो जाता था।

मेरी जवानी का क्या अर्थ है?

मैं अपनी नसों में बढ़ रहा हूँ। निरर्थक और उड़ती हुई ख़ूबसूरती, आईने में जकड़ी हुई है। एक बार मैं तेरह वर्ष का हुआ तो मेरा बचपन ख़त्म हो जाएगा और सारे पाप मेरे सिर मढ़े जाएँगे।

क्या मैं पाप करूँ?

मैं जोर से ठहाका लगाता हूँ। मेरे सफ़ेद दाँत आईने में चमक उठते हैं। एक दिन मेरी माँ मुझे माध्यमिक शाला घसीट ले गयी। बाहर से देखकर मैंने मन में सोचा :

यहाँ जाने से मेरा पेट ज़रूर ख़राब हो जाएगा और मेरा अध्यापक मुझे छुट्टी नहीं देगा।

यह सच है कलगी मुझे लुभा रही थी।

उसे मेरी टोपी पर लगाया जाएगा। और यदि अफ़सर गुज़रेगा, तो क्या मुझे सलाम ठोंकना होगा?

अफ़सर, सैनिक, पुलिसवाले, छात्र-क्या सब एक-से नहीं लगते?

किन्तु उस विद्यालय में यहूदियों को नहीं लिया जाता था। बिना किसी हिचक के मेरी हिम्मती माँ सीधे एक अध्यापक के पास पहुँची।

हमारा उद्धारक जिससे सारा मसला पचास रूबल में तय हुआ, मुझे सीधे तीसरे सत्र में प्रवेश दिया गया। यह उसकी क्लास थी।

स्कूल की टोपी सर पर लगाये अब मैं खुली आँखों से लड़कियों के स्कूल की खिड़कियों को देखा करता।

मेरी काली यूनीफार्म थी।

मेरा शरीर विद्रोह कर रहा था। और निश्चित ही मैं पहले से ज़्यादा बेवकूफ़ नज़र आता था।

अध्यापक चमकते बटनों के नीले पूँछ वाले कोट पहनते थे। जब भी मैं उनकी तरफ़ देखता, कितने ही विचार मेरे मस्तिष्क में दौड़ जाते। कितना जानते हैं ये लोग।

कहाँ से आये हैं ये लोग, क्या चाहते हैं? मैं निकोलस एफीमोविच की आँखों में झाँकता हूँ। उसके पलटने को और उसकी सुनहरी दाढ़ी को देखता हूँ।

मैं कभी न भूल पाया कि यही है वह जिसने रिश्वत ली।

और दूसरो निकोलस एण्टोनोविच, एक निर्दोष विद्वान। कक्षा में हमेशा ऊपर नीचे जाते, जब वह अपना प्रतिक्रियावादी अख़बार पढ़ते, वह मेरे ज़्यादा नज़दीक लगते। कुछ निश्चित शिष्यों पर उनके द्वारा किये गये तंज को मैं कभी समझ नहीं पाया।

वे छात्र को सीधे उसकी आँख में काफ़ी देर तक देखते रहते और पूछते :

"फिर से, बोलोदिया।"

"फिर से" क्या?

जब तक मैं 'फिर से' का अर्थ समझ पाया, कई दिन गुज़र चुके थे।

फिर मेरे अलावा बाक़ी सब क्यों शर्म से लाल हो जाते।

अपनी कक्षा में वापस आकर मैं कामरेड से पूछता था कि निकोलस एंटोनोविच बोलोदिया पर किस बात का दोषारोपण करते हैं।

मुस्कुराते हुए वह जवाब देते-"मूर्ख, क्या तुम नहीं जानते कि बोलोदिया...।"

सच में मैं नहीं जानता था कि उसका क्या अर्थ है। दूसरे छात्र हँसते थे।

हे भगवान! पूरा संसार मेरे लिए बदल गया है और मैं दुखी हूँ।

मुझे पता नहीं क्यों, किन्तु उन दिनों मैंने हकलाना शुरू कर दिया (एक आघात या कुछ और?)।

हालाँकि मैं अपने पाठ को अच्छी तरह से जानता था, किन्तु पढ़ने से इनकार कर देता। यह बहुत मज़ाकिया होता, किन्तु ज़्यादा त्रासद शून्य भाड़ में जाओ।

उन बेंच पर बैठे सिरों के समुद्र से मैं व्यथित हो जाता।

जब भी ब्लैक बोर्ड पर मुझे जाना पड़ता, मैं व्यथा से काँपने लगता। मैं कालिख की तरह काला और उबले हुए झींगे की तरह लाल हो जाता।

यह मेरे उन्माद का धक्का था।

निश्चित ही वे मुझे पहली बेंच से प्रोत्साहित करते, किन्तु कोई फ़ायदा नहीं। और जबकि मुझे पाठ भी याद है।

किन्तु मैं हकलाता। मुझे ऐसा लगता कि एक लाल कुत्ता भौंकते हुए दौड़ रहा है। धराशायी शरीर की तरफ़। मेरा मुख धूल से भर जाता। मेरे दाँत बामुश्किल सफ़ेद दिखते।

इन पाठ में अच्छा क्या था?

सौ, दो सौ, तीन सौ पन्ने, किताबों के। मैं निर्दयता से उन्हें फाड़ देता और चारों ओर हवाओं में उन्हें बिखरा देता।

रूसी भाषा के वे सारे शब्द, सारे देशों के सारे शब्द और सारे समुद्र। उन्हें हवा में एक-दूसरे से आपस में फुसफुसाने दो।

मुझे अकेला छोड़ दो।

मैं जंगली रहना चाहता हूँ, बनैला। अपने को हरी पत्तियों से ढँकता हुआ, चिल्लाने के लिए, रोने के लिए, प्रार्थना के लिए।

"यहाँ आओ शागाल!" प्रोफ़ेसर कहता, "क्या तुम आज अपना पाठ पढ़ोगे?"

मैं शुरू करता हूँ-"ता...ता...ता..."

मैंने सोचा कि वे मुझे चौथी मंज़िल से नीचे फेंक देंगे।

गणवेश में जीवन पतझड़ के पत्ते के समान काँप रहा है।

किन्तु अन्त में मैं वापस अपनी बेंच पर जा बैठता हूँ।

दूर कहीं अध्यापक की ऊँगलियाँ 'दो' का चिह्न बनाती हैं।

मैं उसे देख सकता था।

कक्षा की खिड़की से बाहर मैं देखता हूँ, वृक्षों को और लड़कियों के स्कूल को।

"निकोलस एटोनोविच क्षमा करें।" मैं कहता हूँ, "मुझे जाना है।"

मेरे मन में एक ही विचार था कब पढ़ाई पूरी होगी, क्या मुझे बहुत पढ़ना होगा, क्या बीच में पढ़ाई नहीं छोड़ सकता?

जिन दिनों मुझे ब्लैकबोर्ड पर लिखने के लिए नहीं बुलाया जाता, दूसरे छात्र बेहतर कर रहे होते, मुझे सच में पता नहीं चलता कि क्या करूँ?

अपनी डेस्क से चिपका हुआ, चारों तरफ़ से चुटकियों और परीक्षण से घिरा, मुझे पता नहीं चलता कि क्या करना है। मैं बेचैनी से मुड़ता हूँ। तड़पता हूँ, अपनी कुर्सी पर आगे-पीछे हिलता हूँ, उठता हूँ और बैठ जाता हूँ।

अचानक मैं खिड़की पर अपना सिर रखता हूँ। बाहर जाती एक सुन्दर लड़की को हवाई चुम्बन भेजने के लिए।

इंस्पेक्टर मेरे पास आता है, मेरा हाथ पकड़ता है और खड़ा कर देता है।

पकड़ा गया। मैं लाल गुलाबी और सफ़ेद पड़ जाता हूँ।

"कल मुझे याद दिलाना, बदमाश, सजा देने की। यह समय था जब मुझे रेखांकन करना बहुत पसन्द था। मैं नहीं जानता था कि यह पूर्वाभ्यास है।

मेरे रेखाचित्र सिरों के ऊपर से उड़ते थे, और कभी-कभी अध्यापक से जा टकराते।

स., मेरे पास मेरा सहपाठी अपने समय काटने के शौक में मग्न है। बेंच के नीचे मुकिया रहे...।

कभी-कभी यह दबी आवाज़ अध्यापक का ध्यान खींचती।

हर कोई ख़ामोश है। सब हँसते हैं।

"स्कोरीकॉफ।" अध्यापक बुलाते हैं।

स., खड़ा होता है लज्जा से, और अपना 'दो' प्राप्त कर वापिस बैठ जाता है।

मुझे ज्यामिती बहुत पसन्द थी। इसमें मेरा कोई मुक़ाबला न था। रेखाएँ, कोण, त्रिकोण, चतुर्भुज मुझे मन्त्रमुग्ध कर देते।

रेखांकन के वक्त मेरे पास सिर्फ़ सिंहासन नहीं होता। मैं कक्षा के केन्द्र में होता, सबका ध्यानबिन्दु और सबके लिए उदाहरण।

अगले पाठ तक मैं अपने आपको नहीं खोज पाया था।

साल के अन्त में, लकड़ियों से घेराबन्दी और बीस किलो वज़न के साथ विशेष व्यायाम करने के बाद, मैं उपकृत था दूसरे सत्र में जाने के लिए।

उसके बाद क्या हुआ मैं भूल गया।

कोई बात नहीं। जल्दी मचाने की क्या ज़रूरत है।

मेरे पास बहुत समय था, क्लर्क या लेखापाल बनने के लिए। समय गुज़र जाने दें, खिंचने दें।

एक बार फिर मैं जेबों में हाथ डाले, देर रात तक जागता था, जैसे कि मैं पढ़ाई कर रहा हूँ। देर रात मैं माँ की आवाज़ सुनता हूँ : ''बहुत तेल जला लिया है। बिस्तर पर जाओ। मैंने तुम्हें कई बार कहा है दिन में अपना पाठ पूरा किया करो। तुम पागल हो। मुझे सोने दो।''

मैं कहता, ''किन्तु मैं कोई आवाज़ नहीं कर रहा हूँ।''

मेरी नज़र किताब पर होती। मेरे विचार उस वक्त गली में गुज़र रहे आदमी के बारे में होते, मैं अपनी नदी के बारे में सोच रहा होता। तैरते पाटों के बारे में, जो पुल के किनारे से जा टकराते हैं, कभी-कभी टूटते भी हैं।

पाट फटते हैं, हवा में उठ जाते हैं, परन्तु खेवैया बच जाता है।

वे भी क्यों नहीं गिर जाते। यह बहुत रोचक होगा कि वे लकड़ियों की तरह टूटते दिखायी दें।

मैं उस मोटे आदमी के बारे में भी सोचता हूँ जिसके फूले गाल हैं और इस वक्त पुल पर से गुज़र रहा है। वहाँ खड़ी जवान लड़कियों से आँखें लड़ा रहा है। काफ़ी हाउस में एक साथ दर्जन-भर केक खा जाता है। वह बहुत विशाल और मोटा है, और वह सोचता है कि वह बुद्धिमान भी है।

पुस्तकालय में वह सबसे गम्भीर पत्रिका चुनता है। उसे पढ़ता है, अपनी नाक बीसियों बार सुड़कते-छिनकते और माफी माँगते।

एक दिन वह देर्जी के यहाँ अपनी चमकती हुई छड़ी, जवानी के घमण्ड से फूला। दर्जी, उसके सहायक और लड़के से पूछता है, ''क्षमा करें, कृपया मुझे बतायें कि एक जोड़ी पायजामा सिलवाने के लिए मुझे कितना कपड़ा लगेगा?''

मूर्ख, बातूनी, भुस्स-भरा दिमाग़, गधा।

जब मैं पाँचवें सत्र में था, मेरा पुराना सहपाठी, जो मुझे सबसे ज़्यादा चिकोटी काटता था, ने अचानक मुझे महीन काग़ज़ पर बनाया

एक रेखाचित्र दिखाया। 'नीवा' पत्रिका में से नक़ल किया हुआ, एक सिगरेट पीता व्यक्ति यह हमारी रेखाचित्र की कक्षा थी। अपने भ्रम के बीच।

मुझे ठीक से याद नहीं किन्तु उस रेखाचित्र, जो उस ठस दिमाग़ ने बनाया था, से मैं आक्रोश में आ गया।

उसने मेरे अन्दर के लकड़बघ्घे को जगा दिया।

मैं पुस्तकालय की ओर भागा, 'नीवा' के जितने भी अंक थे, सब उठा लिये। और नक़ल करने लगा, संगीतकार के चेहरे की, रुबिन्स्टाइन। कौओं के पैरों की झुर्रियों से प्रभावित पैरों की, या किसी ग्रीक औरत की या कोई अन्य : शायद और भी और मैंने उन्हें सुधारा भी।

वह सब मेरे सोने के कमरे में टाँग दिये। मैं उन दिनों गलियों में बोली जाने वाली भाषा और उसके परिष्कृत शब्दों को जो प्रचलन में थे, जानता था किन्तु एक विलक्षण शब्द, साहित्यिक भी, इस दुनिया के बाहर से आया शब्द 'कलाकार' इसे मैंने सुना है, किन्तु हमारे शहर में कोई नहीं बोलता।

वह हमसे बहुत दूर ले जाया जा चुका था।

मैंने अपनी तरफ़ से कभी-भी इस शब्द के इस्तेमाल की हिम्मत नहीं की।

एक दिन मेरे स्कूल का एक दोस्त मुझसे मिलने आया, सोने के कमरे में लगे उन सारे रेखाचित्रों को देखकर उसने कहा :

"मैं कहता हूँ। तुम एक सच्चे कलाकार हो, क्या नहीं हो?"

"एक कलाकार? वह क्या है? कलाकार कौन है? क्या यह सम्भव है...कि मैं भी...?"

वह बग़ैर बताये चला गया।

मुझे तत्काल याद आया कि शहर में कहीं मैंने एक बड़ा-सा बोर्ड देखा है, दूसरी दूकानों पर लगे बोड्र्स की तरह : कलाकार पन्नी का ललित कला संस्थान।

इससे बात बन जाएगी। मेरे को सिर्फ़ संस्थान में जाने की देर है और मैं भी एक कलाकार बन सकूँगा।

और पहली और आख़िरी बार मैंने अपनी माँ के भ्रम को तोड़ा। जो मुझे क्लर्क या लेखापाल बनाना चाहती थी। इससे बेहतर, एक व्यावसायी छायाकार।

◀ Old Jew

सात

एक ख़ूबसूरत दिन (मगर सभी दिन ख़ूबसूरत होते हैं) जब मेरी माँ तन्दूर में डबल रोटी रख रही थी, उसके हाथ में लम्बे हत्थे वाला तवा था, मैं उसके पास गया और आटे से भरी उसकी कोहनी पकड़कर कहा :

"माँ...मैं चित्रकार बनना चाहता हूँ।"

मैं समझ चुका हूँ मैं क्लर्क या लेखापाल नहीं बन सकता हूँ। मैं तंग आ चुका हूँ। इससे कुछ हासिल नहीं है। मुझे यह लगता है कि मेरे भीतर कुछ हो रहा है।

"तुम देखो, माँ, क्या मैं दूसरे आदमियों की तरह हूँ?"

"मेरे लिए क्या उचित है?"

"मैं एक चित्रकार बनना चाहता हूँ? मुझे बचा लो माँ। मेरे साथ आओ। चलो भी। शहर में एक जगह है। यदि मुझे वहाँ भरती किया

गया और यदि मैंने पढ़ाई पूरी कर ली, मैं एक कलाकार होऊँगा। मैं बहुत कुछ होऊँगा।''

''क्या? एक चित्रकार? क्या तुम पागल हुए हो? मुझे अपनी डबल रोटी ओवन में रख लेने दो।''

''मुझे परेशान मत करो। मेरी रोटी बस तैयार होने ही वाली है।''

''माँ इस तरह ज़्यादा दिन नहीं चल सकेगा।''

''मुझे परेशान मत करो।''

और अन्त में यह तय हुआ, हम पन्नी से मिलने जाएँगे और यदि वह सोचता है कि मुझमें प्रतिभा है तब इस बारे में सोचेंगे। किन्तु यदि नहीं...

(फिर भी मैं चित्रकार ही बनूँगा। यदि मैंने सोचा और अपने प्रयासों से।)

अब यह साफ़ था कि मेरा भाग्य पन्नी के हाथ में है। कम से कम यह मेरी माँ के लिए तो था ही, हमारे घर की शासक। मेरे पिता ने मुझे पाँच रूबल दिये फीस के लिए। यह पाँच रूबल उन्होंने आँगन में फेंक कर दिये थे, जिन्हें मैंने बटोरा।

कैथेड्रल चौगान, ट्राम के प्लेटफॉर्म के बाहर, मैंने तत्काल ही पन्नी का स्कूल देख लिया। मैं चकित था, नीले पार्श्व में लिखे गये सफ़ेद शब्दों से 'पन्नी का चित्रकला संस्थान।''

'आह!' मैंने सोचा-वितेब्स्क शहर कितना चतुर है।

मैंने उसके गुरु से परिचय करने की ठान ली।

वह अन्य साइनबोर्ड की तरह पतरे का बना एक बड़ा नीला बोर्ड था, जैसे कि हम अन्य दूकानों पर भी देखते हैं।

सच बात तो यह है कि हमारे शहर में छोटे विज़िटिंग कार्ड और छोटी नाम पट्टिकाएँ बेकार थीं। कोई उन पर ध्यान नहीं देता।

''गौरेविच बेकरी और पेस्ट्री की दूकान।''

''तम्बाकू सभी प्रकार की।''

''फल और किराना।''

''वारसा टेलर्स।''

''पेरिस में प्रचलित।''

''कलाकार पन्नी का ललित कला संस्थान।''

यह सब व्यवसाय है।

किन्तु आख़िरी वाला साइन बोर्ड मेरे लिए दूसरी दुनिया था। उसका नीला रंग आकाश के नीले रंग की तरह।

और वह धूप और बारिश में हिलता।

उसके बाद मैंने अपने फटे हुए सारे रेखाचित्र रोल किये और उत्तेजना से काँपता हुआ अपनी माँ के साथ पन्नी के स्टूडियो चल पड़ा।

जब मैं सीढ़ियाँ चढ़ रहा था, चित्रों और रंग की गन्ध मुझे मदहोश कर रही थीं। हर तरफ़ व्यक्तिचित्र। शहर के गवर्नर की पत्नी का चित्र। गवर्नर का चित्र। श्री ल...और श्रीमती ल...का व्यक्ति चित्र। श्री और श्रीमती और बहुत सारे। क्या मैं उन्हें जानता था?

स्टूडियो नीचे से लेकर छत तक चित्रों से भरा पड़ा था। फ़र्श पर काग़ज़ का भण्डार था। बस छत ही भारमुक्त थी। छत पर मकड़ियों के जाले और स्वतन्त्रता। यहाँ-वहाँ ग्रीक मूर्तियाँ, प्लास्टर के बने, सिर, हाथ, पैर, गहने, सफ़ेद वस्तुएँ, सब धूल से अटी हुई।

स्वाभाविक ही मैंने जान लिया कि इस कलाकार का तरीक़ा मेरा नहीं है। मेरा क्या है, यह मुझे नहीं मालूम। मेरे पास समय नहीं था कि मैं इस बारे में कभी सोचूँ।

इन आकृतियों की सजीवता से मैं चकित था।

क्या यह सम्भव है?

चढ़ते वक्त मैं उनकी नाक, गाल आदि छू रहा था।

शिक्षक घर में नहीं थे। मेरी माँ पहली बार किसी कलाकार के घर में गयी थी, अतः उसकी प्रतिक्रिया के बारे में, उसके भावों के बारे में यहाँ मैं कुछ नहीं कहूँगा।

उसकी आँखें एक कोने से दूसरे कोने तक तेज़ी से दौड़ रही थीं। उसने दो-तीन बार कैनवासों की तरफ़ देखा। अचानक वह मेरी तरफ़ मुड़ीं और लगभग याचना किन्तु दृढ़, साफ़ आवाज़ में बोली :

"ठीक है, मेरे बेटे... : तुम कभी भी इस तरह चित्र नहीं बना सकोगे। चलो हम घर चलते हैं।"

"ठहरो माँ!"

मेरी तरफ़ से मैंने तय कर लिया था कि कभी भी मैं इस तरह के चित्र नहीं बनाऊँगा। क्या यह ज़रूरी है?

वह कुछ और है। किन्तु क्या? मुझे पता नहीं था।

हम लोग शिक्षक का इन्तज़ार करते रहे।

उसे मेरा भाग्य तय करना था।

हे! मेरे ईश्वर। यदि वह बुरी पसन्द का हुआ और मुझे मना कर देता है। इन शब्दों के साथ-"यह ठीक नहीं है।-तब?

(हर चीज़ सम्भव है-अपने को तैयार करना है। माँ के साथ या बग़ैर उसके!)

स्टूडियो में कोई नहीं था। किन्तु दूसरे कमरे में कोई दिखा। निश्चित ही पन्नी का कोई शिष्य।

हम अन्दर जाते हैं। वह मुश्किल से हमारी तरफ़ ध्यान देता है :

"कैसे हो...कैसे हो!"

वह गतिमान अपनी कुर्सी में बैठा था, एक चित्र बनाता हुआ, मुझे पसन्द आया।

माँ ने तुरन्त ही उससे पूछा :

"कृपया मुझे चित्रकला के बारे में बताइए? क्या उसमें कोई सम्भावना है?"

"हाँ..., कुछ खास नहीं...।"

इससे ज़्यादा अशिष्ट और इससे ज़्यादा मानवद्वेषी उत्तर स्वाभाविक है, कोई नहीं चाहेगा।

यह मेरी माँ के लिए मानना कि वह ठीक थी और मुझे अपने भीतर हिला देने के लिए हकलाते नवयुवक की कड़वाहट की कुछ बूँदें काफ़ी थीं।

किन्तु शिक्षक आ चुके हैं।

यदि मैं ठीक से उसके बारे में नहीं बता पाया तो निश्चय ही मुझमें प्रतिभा की कमी है। वह छोटे थे इससे कोई फ़र्क़ नहीं पड़ता। उसकी रूपरेखा कुछ नहीं, कम दोस्ताना।

उसके जैकेट की नोकें पैरों की तरफ़ थीं।

वे दायें-बायें ऊपर नीचे हिलते डुलते थे, घड़ी की चेन उनका पीछा करती। सुनहरी मुँछें नुकीली और गतिमान, अभी चिन्ताग्रस्त, अभी सराहती हुई, अभिवादन करती।

हम लोग आगे बढ़े।

वे अनदेखा करते हुए (नियम से शहर के गवर्नर और धनी लोगों के सामने ही कोई झुकता है) झुककर बोले :

"मैं आपके लिए क्या कर सकता हूँ?"

"ठीक, मैं जानती नहीं...यह चित्रकार बनना चाहता है..., यह सनकी है..., सच में...कृपया इसके रेखाचित्रों को देखें। यदि इसमें कोई

प्रतिभा है, यदि यह सीखना मूल्यवान है, यदि इसमें कोई...चलो मेरे बेटे, हम घर जा रहे हैं।''

पन्नी ने पलक तक नहीं झपका। (तुम कम्बख़्त, मैंने सोचा, कहो, कुछ तो संकेत करो।)

यन्त्रवत् उसके अँगूठे, 'नीवा' पत्रिका से नक़ल किये गये मेरे रेखाचित्रों के बीच चल रहे हैं और वह बुदबुदाया :

''हाँ, इसमें कुछ योग्यता है।''

'ओह! तुम।' मैंने सोचा।

निश्चित ही मेरी माँ उससे ज़्यादा नहीं समझ पायी, जो वह पहले से जानती थी।

किन्तु मेरे लिए यह बहुत था जो मैं सुनना चाहता था।

मेरे पिता ने मुझे पाँच रूबल कुछ समय और दिए, मैं पन्नी के स्कूल में मात्र दो महीने पढ़ा।

वहाँ मैंने क्या किया? मैं नहीं जानता। मेरे सामने प्लास्टर की प्रतिमा होती। दूसरे शिष्यों की तरह उनके साथ मुझे बनाना होता।

उन दिनों मैं बहुत पढ़ाकू बन गया।

मैं अपनी आँखों के सामने पेन्सिल रखता और उसे नापता, कभी ठीक नहीं।

वाल्टेयर की नाक हमेशा नीचे झुक जाती।

पन्नी मेरे पास आते।

पास में ही रंगों की दूकान थी। मेरे पास एक छोटा रंगों का बक्सा था। उसमें ट्यूब बच्चों के शव की तरह झूलते रहते।

पैसा नहीं था। विषय की तलाश में मैं शहर के दूर कोनों तक चला जाता। और दूर तक जाता और मैं डरता जाता।

''सीमान्त'' को पार करने का भय अपने आपको सैनिक टुकड़ियों के नज़दीक पाने का भय, मेरे रंगों को धुँधला कर जाते, मेरे चित्र खटास से भर जाते।

मेरी माँ के बिस्तर के ऊपर टँगे वे बड़े चित्र कहाँ हैं जिनमें निर्मल पानी बह रहा है, छोटे घर हैं, लालटेन है, पहाड़ों के दृश्य हैं?

ऐसा लगता था वे कैनवास बहुत भारी और मोटे हैं। उन्हें घर में कारपेट की जगह बिछाया जा सकता है।

बड़ा गन्दा विचार है।

लोग पाँव पोंछ रहे हैं। फ़र्श अभी-अभी धोयी गयी है।

मेरी बहनें सोचतीं कि जब भी बड़ा कैनवास चित्रित किया जा रहा है तब वह खासतौर पर इसी काम के लिए है।

मैं आह भरता हूँ और अपने भीतर समेट लेता हूँ।

अपने कैनवास को फिर से दरवाज़े पर टाँगता हूँ, मेरी आँखें भर आती हैं, और अन्त में, वे कैनवास अटारी पर पहुँच जाते हैं जहाँ धीरे-धीरे उन पर धूल जमती जाती है। और वे शान्ति से हमेशा के लिए उसमें डूब जाते हैं।

पन्नी के यहाँ मैं अकेला छात्र था जो बहुधा बैंगनी रंग का इस्तेमाल करता था।

क्या है वह?

यह कैसे हो पाया?

इसके कारण मैं पन्नी के स्कूल बग़ैर फीस के जा सकता था। मेरे लिए, स के अनुसार, कुछ खास नहीं था। वितेब्स्क का पर्यावरण और पन्नी।

मेरे माता-पिता अब धरती से अधिक कुछ नहीं हैं, जो मुझे सबसे ज़्यादा प्यारे थे।

मैं पन्नी को पसन्द करता था। मैं देखता हूँ उसका बिखरता हुआ छायाचित्र।

मेरे पिता की तरह वह मेरी स्मृति में है। जब कभी-भी, मैं अपने शहर की सूनी गलियों के बारे में सोचता हूँ उसे यहाँ-वहाँ देखता हूँ।

एक से ज़्यादा बार उसके दरवाज़े के सामने, उसके घर की देहरी पर, मेरी प्रार्थना करने की इच्छा हुई :

मैं प्रसिद्धि नहीं चाहता हूँ। सिर्फ़ एक कारीगर बनना चाहता हूँ तुम्हारी तरह : मैं टँगना चाहता हूँ, तुम्हारे चित्रों की तरह, तुम्हारी गलियों में, तुम्हारे पास, तुम्हारे घर में। क्या मैं?

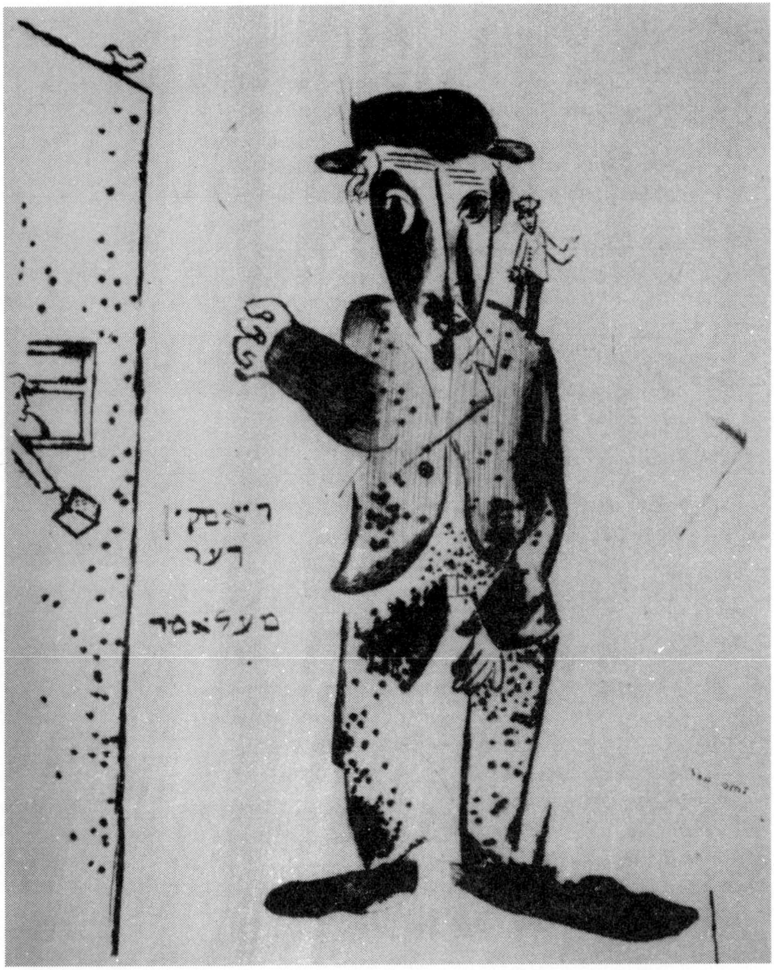
דער
מעלאמד

◀ The Talmud Teacher

आठ

मैं उन छुट्टियों के दिनों के नाम भूल चुका हूँ जब, एक-एक कर या समूह में, यहूदी कब्रिस्तान जाते हैं।

एक या दो घण्टे बाद, नागदमनी के पौधों की तरह गलियों में दिखायी देना शुरू होते हैं, वस्त्र पहने हुए लोगों के बीच जैसे नग्न शरीर दिखायी देता है।

मैं अपनी किताब लेता हूँ और मैं भी वहाँ जाता हूँ। वहाँ पहुँचकर मैं बैठ जाता हूँ। बागड़ छूता हूँ। क्या यह दुखी नहीं करता?

हम तो जानते हैं कि उन सो सकने वाली जगहों पर घूमना कितना अच्छा लगता है। कुछ भी जीवित नहीं है वहाँ, कुछ भी हिलता नहीं। हमारे पैर काग़ज़ों के टुकड़ों से टकरा रहे हैं, सम्मन, पुराने फटे हुए पत्र और जिन्होंने लिखा है वे भी कहीं सो रहे हैं। कब्र के नीचे सूखी घास, पदचिह्न, छिद्रों और सीलन से भरे हुए, ग़ायब होते हुए। गुम्बज की तरह पृथ्वी आँसू पी जाती है और हर मरा हुआ शरीर दम घुटने से फिर मरता है। कब्र पर किसी को रोना नहीं चाहिए। बच्चों की कब्र पर किसी को लेटना नहीं चाहिए।

बहुत पहले मेरी छोटी बहन राशेल की कब्र पर लगा संगमरमर का पत्थर ग़ायब हो गया। वह कोयला खाने के कारण घुलने लगी

थी। और अन्त में फीकी और दुबली, उसने अपनी आख़िरी साँस ली। उसकी आँखें स्वर्ग के नीलेपन से भर गयी। उसकी पुतलियाँ स्थिर हो गयीं। मक्खियाँ उसकी नाक पर मँडरा रही थीं। कोई नहीं भगाता उन्हें।

मैं अपनी कुर्सी से उठता हूँ, उन्हें उड़ाकर फिर बैठ जाता हूँ। फिर खड़ा होता हूँ और फिर बैठ जाता हूँ।

मेरी आँखें मुश्किल से नम होती हैं, जब मैं देखता हूँ उसके सिर की तरफ़ मोमबत्तियाँ जला दी गयी हैं। एक बूढ़ा आदमी उसके पास खड़ा है, सारी रात पहरा देने के लिए।

और यह सोचना कि अगले कुछ घण्टों में उसका छोटा-सा शरीर ज़मीन में उतार दिया जायगा जहाँ आदमी के पैर धँसते हों।

कोई भी खाने के बारे में नहीं सोच रहा। मेरी बहनें दरवाज़े पर टँगे परदे के पीछे जा छिपी हैं, वे रो रही हैं, अपनी दसों उँगलियाँ अपने मुँह में डाले और अपने बालों और ब्लाउज़ से आँसुओं को सुखा रही हैं।

मैं नहीं समझ पा रहा था कि कैसे एक ज़िन्दा आदमी तत्काल मर सकता है।

मैंने कई लोगों को दफन किये जाते देखा है मगर मैं देखना चाहता हूँ कफन में लेटे आदमी को। मैं इस बारे में भयभीत भी हूँ। अचानक एक सुबह, भोर के पहले, गली में हमारी खिड़की के नीचे से, जोर-ज़ोर की आवाज़ें सुनायी दीं। लैम्प से फीके प्रकाश में, मैं यह देख सकने में सफल हुआ कि एक औरत, अकेली, उन सूनी गलियों में दौड़ती जा रही है।

वह अपने हाथ हिला रही है, रो रही है, पड़ोसियों को जगाने, जो अभी तक सो रहे हैं, आकर उसके पति को बचाने के लिए, जैसे कि मैं या मेरी बड़ी पेट वाली ममेरी बहन ठीक कर सकते हैं, बचा सकते हैं, मरते हुए आदमी को। वह दौड़ती जाती है।

वह भयभीत है अपने पति के बिस्तर के पास अकेले रहने से।

लोग चारों तरफ़ से दौड़ते हुए आते हैं।

हर कोई बात कर रहा है, सलाह दे रहा है, बीमार आदमी की बाँहें सहला रहा है, उसकी शोषित छाती सहला रहे हैं। वे उस पर सिरका, कपूर, अल्कोहल छिड़क रहे हैं।

हर कोई दुखी है, रो रहा है।

किन्तु सम्हला हुआ, दुखों का अभ्यस्त, औरतों को एक तरफ़ हटाता है, शान्त भाव से मोमबत्तियाँ जलाता है, और एकान्त में मरते हुए आदमी के सिर पर ऊँची आवाज़ में प्रार्थना शुरू करता है।

पीली मोमबत्तियों की रोशनी, उस चेहरे का रंग, मृतप्राय, बूढ़े आदमी के तसल्ली देते हाव-भाव, उसकी शान्त आँखें मुझे समझाती हैं, और जो चारों तरफ़ हैं, कि यह सब, अब ख़त्म हुआ।

अब सभी अपने घर जा सकते हैं, जाओ और फिर से सो जाओ या समोवर गर्म कर दूकानें खोल लो।

और बाक़ी बचे हुए दिन आप सुनते रहें बच्चों द्वारा गाया जा रहा शोक गीत। ''गानों का गाना।''

मृतक, पूर्णतः दुखी, को ज़मीन पर लिटाया जा चुका है, उसका चेहरा छः मोमबत्तियों से चमक रहा है।

और अन्त में वे उसे ले जाते हैं।

हमारी गली बहुत लम्बी न थी। और मैं उन औरतों को जो जोर-जोर से विलाप कर रही थी, अब नहीं पहचानता।

एक काला घोड़ा कफन को लादकर ले जा रहा है।

वह अकेला है जो अपना काम मुस्तैदी से कर रहा है : वह मृतक को कब्रिस्तान तक ले जा रहा है।

एक दिन पन्नी का एक छात्र मेरे घर आया, एक बड़े व्यापारी का लड़का और माध्यमिक शाला का मेरा पुराना सहपाठी, जिसे उसने और ऊँचे बुर्जुआ पाठशाला के लिए छोड़ दिया था, एक व्यवसाय के स्कूल के लिए। उसकी खास योग्यताओं ने वह भी छोड़ने का आमन्त्रण दिया।

काले बाल, बेनूर चेहरा, अपने परिवार की तरह ही वह मेरे लिए विदेशी था।

जब भी वह मुझे पुल पर मिलता, कभी न चूकता मुझे रोकने से और झेंपते हुए यह पूछने से, मुझसे वह आसमान के रंग के बारे में पूछता या बादलों के बारे में और मुझे पढ़ाने के लिए कहता।

''क्या तुम नहीं सोचते'', उसने मुझसे कहा ''वहाँ वह बादल, नीचे नदी के पास गहरा नीला है। जब वह पानी में दिखता बैंगनी हो जाता है। मेरी तरह तुम्हें भी बैंगनी रंग पसन्द है। क्या नहीं?''

मैं अपने भावों को सम्हालता हूँ। जो मुझमें पाठशाला के समय से पनप रहे हैं। जहाँ हर अभिजात मुझे जिज्ञासा की तरह देखता है।

उस लड़के का कुछ ख़ुशनुमा चेहरा है और मैं हमेशा यह जानने से चूक जाता हूँ कि किससे तुलना करूँ।

उसकी सहजता और दौलत की उपेक्षा कर देखें तो उसने मेरे बचपन के सालों को समृद्ध किया है।

''ठीक है'' मैं उससे कहता हूँ, ''मैं तुम्हें पढ़ाऊँगा किन्तु मुझे तुमसे पैसा नहीं चाहिए, बस एक अच्छे दोस्त बने रहो।''

सारा दिन उसके साथ गुज़ारने के लिए ज़्यादा से ज़्यादा मैं अपने घर से दूर भागता हूँ। देहात के उसके घर में।

यह सब लिखने का क्या अर्थ है? इसलिए कि यह मेरे दोस्तों की विशेषता ही थी जिससे मुझे थोड़ी-सी हिम्मत मिली कुछ विनम्र लड़का होने की। वह बहुत घूमा था और उसने मुझे बताया कि वह अपनी कला शिक्षा जारी रखने के लिए पीट्सबर्ग जा रहा है।

मैं कहता हूँ-''क्यों न हम दोनों साथ चलें?''

मैं क्या कर सकता था, एक साधारण क्लर्क का लड़का। वैसे भी मैं एक छायाकार के पास सीखने के लिए जा रहा था। जिसने मेरा भविष्य बहुत अच्छा बताया है, खासकर जब मैं नियमित रहूँ। और वह राजी है, अगले एक साल मैं उसके लिए मुफ्त में काम करूँ।

''कला।'' उसने कहा, ''एक अच्छी बात है, किन्तु वह तुमसे दूर नहीं भाग जाएगी। और फिर यह कितनी अच्छी बात है? देखो वहाँ मेरे पास सब कुछ है। अच्छा ख़ूबसूरत घर, ग्राहक, बीबी, बच्चे और इससे ज़्यादा अच्छा तो यह है कि यह सब तुम्हारा भी है। बेहतर होगा तुम मेरे साथ रहो।''

वह बुर्जुआ ऊन के रंग में रँगा था, हमेशा अपनी प्रस्तुति के लिए सजग। कितनी बार यह जंगली इच्छा मेरे मन में जागी कि मैं उसके छायाचित्र हवा में उड़ा दूँ और भाग जाऊँ।

मैं छायाचित्रों को दुरुस्त करने से नफ़रत करता था। और कभी-भी इसमें प्रवीण नहीं हो पाया। मुझे कभी-भी झुर्रियों के बीच की रेखाओं को भरना ज़रूरी नहीं लगा या कौवे के पैरों जैसे चेहरे को पुनर्युवा बनाना ताकि वे कुछ अलग लगें, सहज नहीं।

इस दौरान जब भी मैं किसी परिचित के चित्र से गुज़रता, उसे देख मुस्कुराता। उस पर काम करना मुझे अच्छा लगता।

मुझे याद है जब मेरी माँ पहली बार छायाचित्र उतरवाने गयी।

छायाकार के हस्ताक्षर के दोनों ओर पदक टँगे थे। हमारे उत्साह की कल्पना करें।

ख़र्च बचाने के लिए हमारा पूरा परिवार, मामा और मामियाँ सबने तय किया कि वे एक छोटे-से कार्ड पर एक साथ छपें।

मैं, पाँच या छः वर्ष का, लाल मखमल के सूट में सुनहरे बटनों के साथ, अपनी माँ के स्कर्ट के पास खड़ा था। मेरी बहन की तरह, जो स्कर्ट के दूसरी तरफ़ खड़ी थी, मैं भी अपना मुँह खोले हुए था-अच्छी तरह से साँस लेने के लिए।

जब हम उसका नमूना देखने गये, रिवाज़ के मुताबिक, हमने मोल-भाव किया।

छायाकार को रोष आ गया और उस अकेले छायाचित्र को उसने टुकड़े-टुकड़े कर दिया।

मैं भौंचक था : तथापि मैंने वे सारे टुकड़े बटोरे और एक बार घर पर मैंने उन्हें आपस में जोड़ा भी।

खुदा को शुक्रिया!

दूसरा छायाकार, जिसके साथ मैं काम करता था, ज़्यादा अच्छा इनसान था। वह इतनी जोर से चीख़ता था कि उसकी आवाज़ दूसरे कमरे तक जाती।

मेरी तनख़्वाह के रूप में वह खाना खिलाता था। मैं उसके शोरबों को कभी नहीं भूल सकता, और माँस के उन बड़े टुकड़ों को भी जो अन्य काम करने वालों की तरह मुझे भी दिये जाते थे। और डबल रोटी जितनी मैं चाहूँ।

धन्यवाद!

अचानक, कुछ हुआ।

अपने सत्ताईस रूबलों से मुस्तैद मैं, मेरे तमाम जीवन में मेरे पिता द्वारा दिये गये पैसे (मेरी कला शिक्षा के लिए), मैं भागता हूँ, अपने गुलाबी गाल और घुँघराले बालों को लिए, पीट्सबर्ग, अपने पुराने सहपाठी के साथ। सर पर कफन बाँधें।

कितने आँसुओं से और कितने गर्व के साथ मैंने वे पैसे उठाये जो पिता ने मुझे मेज़ के नीचे फेंक कर दिये। (मैं माफ़ करता हूँ, यही उनका तरीक़ा था) मैं झुकता हूँ उन्हें उठाने के लिए।

घुटनों के मेज़ के नीचे मैं आनी वाली रातों के बारे में सोचता हूँ, जब मैं अकेला, भूखा गलियों में घूम रहा हूँ, वहाँ घूमने वाले दूसरे सभी का पेट भरा है।

सिर्फ़ मैं, एक छोटा-सा आदमी, कुछ खाना चाहता हूँ, कहीं पर सोना चाहता हूँ। उस वक्त मैंने सोचा कि मेज़ के नीचे सोना बहुत बुरा होगा।

मेरे पिता पूछते हैं, मैं हकलाता हूँ कि मैं क...क...क...कला विद्यालय जाना चाहता हूँ।

मुझे अपने पिता का जवाब याद नहीं है, न ही उनकी मुख-विकृति।

हमेशा की तरह वे तत्काल उठे और समोवर गर्म करने लगे, उस तरफ़ जाते हुए उन्होंने पैसे फेंके और कहा :

"ठीक है जाओ, अगर तुम यही चाहते हो। किन्तु एक बात मैं तुम्हें साफ़-साफ़ बताना चाहता हूँ, मेरे पास पैसे नहीं हैं। तुम ख़ुद देख सकते हो। बस यही है जो मैं नोच-खसोंटकर निकाल सका हूँ। अब कुछ भी भेजना असम्भव होगा। मेरे भरोसे मत रहना।"

इससे कोई फ़र्क़ नहीं पड़ता, मैंने सोचा। पैसा हो या नहीं, मैं जाऊँगा।

क्या यह सम्भव नहीं है कि कोई भी, कहीं भी मुझे एक कप चाय पिलाये? क्या यह सम्भव नहीं है कि मैं बेंच पर या पोस्ट पर कभी-भी एक डबल रोटी का टुकड़ा पाऊँगा?

अक्सर यह होता है कि लोग काग़ज़ में लिपटी डबल रोटी बेंच पर छोड़ जाते हैं।

मेरे लिये महत्वपूर्ण कला है, चित्रकला, मेरे चित्र, दूसरे किसी के भी चित्रों से अलग।

मगर किस तरह? क्या भगवान, या कोई भी, मुझे शक्ति देगा अपने चित्रों में साँस लेने के लिए, दुख की प्रार्थना की आह भरने के लिए, मोक्ष की प्रार्थना के लिए, पुनर्जन्म की प्रार्थना के लिए?

मुझे याद है कि कोई भी दिन कोई भी क्षण ऐसा नहीं गुज़रा जब ख़ुद से मैंने यह न कहा हो : "अभी-भी बच्चा हूँ।"

मैं भयभीत हूँ : कैसे मैं अपने खाने की व्यवस्था करूँगा, जबकि शायद रेखांकन के अलावा मैं किसी भी काम में सिद्धहस्त नहीं हूँ। किन्तु एक क्लर्क होना मेरे पिता की तरह, मैं नहीं बन सकता, इतनी ताक़त भी नहीं है कि मैं उन बड़े भारी ड्रमों को उठा सकूँ, जैसे वे उठाते हैं।

बल्कि मैं प्रसन्न था कि मेरे पास चित्रकार बनने के अलावा चुनने को और कुछ नहीं है। यह एक अच्छी क्षमा थी जिसके चलते मुझ पर जीविका कमाने का दबाव नहीं था और निश्चित ही एक चित्रकार होना, मैंने सोचा, एक अच्छा आदमी बनना है।

हालाँकि पीट्सबर्ग में रहने के लिए सिर्फ़ पैसे की ही ज़रूरत नहीं थी, एक विशेष अनुज्ञप्ति भी प्राप्त करनी होती थी। मैं यहूदी हूँ। और ज़ार ने यहूदियों को कृपापूर्वक रहने के लिए एक खास रहवासी इलाक़ा तय कर रखा था।

मेरे पिता ने किसी व्यापारी से एक अस्थायी प्रमाण-पत्र प्राप्त किया जिसमें उसके लिए मैं कुछ सामान लाने के सबब से जा सका। 1907 में, मैं अपने नये जीवन के लिए, एक नये शहर की ओर चल पड़ा।

◀ Mother and Son

नौ

नौ

गोदी में, मैं लड़कियों के पीछे घूमता था।

और प्रांगण में, छत के ऊपर दुछत्ती में, मैं अपने दोस्तों के साथ अच्छा समय गुज़ारता।

और हमारे घर के दरवाज़े के सामने, घर के गप्पी बेंच पर बैठे हैं।

मेरा एक दोस्त गुज़रता है। मैं दरवाज़े के पीछे छिपकर अपना सिर निकालकर बोलता हूँ :

''जोसेफ, कल परीक्षा का दिन है।''

मैं अपनी रातें उसके साथ गुज़ारता हूँ। मैं उसके घुँघराले सिर का अभ्यास करता हूँ।

''चलो, हम दोनों साथ में काम करें।''

पेकाइन और उसके खिलौने, जाचनाइन और उसकी हरिंग मछलियाँ, मेटजेंको और उसकी गाड़ियाँ, ये सब मुझे बेहद बेचैन करती हैं।

किन्तु जब तक मैं आँगन में खेलता रहता, अपने हाथों में मक्खन लगी डबल रोटी लिये, हमारे घर में शान्ति रहती।

उस वक्त भी शान्ति थी जब मैं माध्यमिक शाला में था, और छोटी लड़कियाँ, मुझे रिबन्स भेंट में देती थीं।

किन्तु जैसे मैं बड़ा हुआ, मैं भयमुक्त हुआ।

मुझे लगता है मेरे पिता ने, मेरे छोटे भाई की कुछ सहायता करने के लिए, मेरी उम्र दो साल बढ़ा दी थी।

मेरी अकाल प्रौढ़ किशोरावस्था।

रात्रि। घर सो रहा है। पोर्सलिन का अलाव गर्म है और चमक रहा है। पापा खर्राटे भर रहे हैं।

गली भी सो रही है, काली और मखमली।

अचानक बाहर हमारे घर के बिलकुल पास, कोई हिलता है, अपनी साँस जोर से भरता है, फुसफुसाता है।

''माँ'', मैं चीख़ता हूँ, ''यह ज़रूर पुलिस है जो मुझे रेजीमेण्ट ले जाने के लिए आयी है।''

''जल्दी मेरे बेटे, पलंग के नीचे छुप जाओ।''

मैं सरक जाता हूँ। और वहाँ लम्बे समय तक छुपा रहता हूँ, शान्त और ख़ुश।

तुम नहीं जानते कितना ख़ुश हूँ मैं-और मैं नहीं जानता क्यों-बिस्तर के अन्दर सपाट लेटा हुआ या छत के ऊपर, किसी तरह की छुपने की जगह में ख़ुशी है।

पलंग के नीचे धूल और जूते।

मैं ख़ुद को विचारों में ढीला छोड़ देता हूँ, मैं दुनिया के ऊपर उड़ने लगता हूँ।

मगर वहाँ कोई पुलिसवाला न था। मैं छिपने की जगह से बाहर आ जाता हूँ।

तब फिर मैं एक सिपाही नहीं हूँ। अभी-भी बालक हूँ।

ख़ुद का शुक्रिया!

मैं फिर से बिस्तर पर जाता हूँ और सपना देखता हूँ पुलिस का, सिपाहियों का, स्कन्धिका का, बैरेक्स का।

हालाँकि उन दिनों में भी जब मैं लकड़ियों से घिरा रहता, जब भयानक आग के वक्त मैं छत पर चल रहा होता, जब मैं नहाता और चित्र बनाता था, कोई भी मुझे बाँध पर युवा लड़कियों के पीछे श्रमसाध्य गश्त लगाने से नहीं रोक सकता था।

उन छात्राओं की एक झलक, उनके लम्बे सलवार के इजारबन्द, उनके कपड़ों की तहें, मुझे चीर जाती थी।

क्या मैं स्वीकार करूँ कि, कुछ लोगों और मेरे आईने की गवाही के मुताबिक मेरी नायाब किशोरावस्था के मेरे चेहरे में मिश्रण था, पासोवर शराब का, हाथी दाँत की रंगत लिये आटे का, और किताब के पृष्ठों के बीच सूख जाने वाली गुलाब की पंखुड़ियों की रंगत का?

तुम कहोगे, मैं ख़ुद की कितनी प्रशंसा कर रहा हूँ।

मेरे अन्तरंग मित्र मुझे ज़्यादा चकित करते थे बजाय मेरे ख़ुद के आईने के सामने होने से। यदि सच कहूँ तो, मैं ख़ुद को देखता था और आने वाली मुश्किलों के बारे में सोचता रहता था कि यदि किसी एक दिन, मैंने व्यक्तिचित्र बनाया तो मैं क्या करूँगा। हालाँकि इस सब में थोड़ी-सी प्रशंसा भी है-क्यों नहीं! मैं स्वीकार करता हूँ कि मैं अपनी आँखों में काजल लगाने से हिचकता नहीं था, थोड़ा-सा लाल कर लेता था अपने होठों को, हालाँकि इस सबकी ज़रूरत नहीं थी फिर भी हाँ,...मैं उन लड़कियों को जो नदी किनारे मुझे मिलती हैं आकर्षित करना चाहता था।

मैं इसमें सफल भी रहा। मगर कभी-भी मेरी सफलता का लाभ मुझे नहीं मिला।

यहाँ मैं लियोज्नो में नीना के साथ हूँ। साथ में घूमना बहुत आशावादी है—मैं महसूस कर रहा हूँ और काँपता हूँ या ठीक इसका उलटा।

हम लोग पुल के नीचे हैं, एक पुरानी दराज की छत के नीचे हैं, एक बेंच पर।

रात। हम अकेले हैं।

दूर कहीं, एक ट्राम स्टेशन की तरफ़ जा रही है।

दूर तक निग़ाह में कोई नहीं है। तुम जो चाहे कर सकते हो। और मुझे क्या अच्छा लगता है? मैं उसे चूमता हूँ।

एक बार, दो बार। आज, कल। हमेशा, इसकी एक सीमा है।

जल्दी ही सबेरा होने वाला है। मुझे चिढ़ होती है। हम उसके घर जाते हैं। हवा ठहरी हुई है। सब सो रहे हैं।

कल शनिवार है और सुबह यदि उन्होंने मुझे देखा, वे ख़ुश होंगे।

एक सम्भ्रान्त मंगेतर। सब हमें बधाइयाँ देते हैं, नीना और मैं।

क्या मैं रुकूँ? क्या रात थी! कितनी उमस थी! तुम कहाँ हो? मैं प्रणय की व्यावहारिकता से अनभिज्ञ था। क्या अनियोता के लिए चार साल तक मैं आह नहीं भरता रहा? और चौथे साल के अन्त में मैं हिम्मत कर पाया, वह भी उसकी पहल पर, एक चौंका देने वाले चुम्बन लेने की, एक शाम प्रांगण के दरवाज़े के सामने और ठीक उस वक्त जब उसके चेहरे पर मुहाँसे आना शुरू हुए थे। दो सप्ताह बाद, मैंने उससे बात करना बन्द कर दिया। क्या हासिल है इससे? मैंने जाना कि एक अभिनेता आजकल उसके साथ

रहता है।

मुझको जाल में फँसाने के लिए उस भावुक लड़की ने क्या दृश्य खेला था।

उसने और उसकी सहेलियों ने क्या अन्तरंग मुलाक़ात का बचकाना प्रबन्ध किया था।

मैं नहीं जानता था कि मुझे क्या हो रहा है और मेरी निर्भीकता कहाँ उड़ गयी थी।

एक आदमी की तरह, मैं कुछ नहीं था। यह वो समझ चुकी थी। यह मैं जानता था कि मैं कुछ और व्यावहारिकता से काम लेता तो बात कुछ अलग होती।

इस उद्देश्य के लिए जो कंचुकी उसने पहनी थी उससे मैं भयभीत था।

मैं कुछ भी नहीं समझ रहा था और फिर भी यह जान रहा था कि समय बर्बाद कर रहा हूँ।

उसके लिए यह व्यर्थ था कि वह मेरे साथ चले, जब मैं शहर के बाहर ज्यूलेस पहाड़ पर चित्र बनाने जा रहा हूँ। इस वक्त मेरे संकोच से बाहर निकलने के लिए मुझे...न ही पास के जंगल की शान्ति, न ही उजाड़ घाटियाँ, न ही खुले बड़े मैदान, मुझे शक्ति दे पा रहे थे। एक शाम मैं उसके साथ घाट पर बैठा था, शहर के दूसरे छोर पर नहाने के घाट।

नीचे नदी उथली थी और धीमे बह रही थी।

'एक मौक़ा लो।' मैंने सोचा।

मेरी टोपी उसके सर पर थी। मैं उसके कन्धों की तरफ़ झुका। बस यही कुछ।

अचानक मैं क़दमों की आहट सुनता हूँ, स्कूल के कुछ दोस्तों का एक समूह हमारी तरफ़ आ रहा था।

वे हमारे पास आये, मेरे पास। मैं अपनी टोपी वापस लेने की कोशिश करता हूँ। "अनियोता, मेरी टोपी वापस करो।" मैं कहता हूँ।

हम लोग बेंच से उठ जाते हैं, टोपी अभी-भी उसके सर पर है। लड़के हमारे पीछे आ रहे हैं।

पीछे से कोई मुझे एक घूँसा मारता है, भागते हुए चिल्लाता जाता है :

"उसे अकेला छोड़ दो और उसके पास आने की फिर कभी हिम्मत नहीं करना, नहीं तो...।"

तुम्हारा चेहरा अब मुझे याद नहीं है, अनियोता।

अब बहुत समय गुज़र चुका है यह सब हुए।

मैं बड़ा हो चुका हूँ अब : बचपन और किशोरावस्था कब से मुझे छोड़ गये हैं और मेरा मन बहुत से दुखी विचारों से भरा हुआ है। कैसे मैं उन दिनों को वापस ले आऊँ, तुम्हारा चेहरा देखने के लिए, जो शायद अब बूढ़ा हो चुका हो।

पहले तुम्हारा चेहरा बिना झुर्रियों के कोमल था, और एक या दो बार मैंने उसे चूमने की हिम्मत की है। क्या तुम्हें याद है?

तुम पहली लड़की थी जिसने मुझे आकर्षित किया चूमने के लिए। मैं हैरान था, मैं कुछ नहीं बोल पाया था। मेरा सर चकरा रहा था। किन्तु मैंने अपने आपको सम्हाला और जान-बूझकर अपने चेहरे पर भाव नहीं आने दिये। तुम्हें बताने के लिए कि कितना परिष्कृत हूँ मैं।

एक दिन तुम बीमार पड़ गयी थी। तुम बिस्तर में लेटी थी। तुम्हारे चेहरे पर छोटे लाल मुहाँसे थे। मैं तुम्हारे पास गया और तुम्हारे बिस्तर पर पैरों की तरफ़ बैठ गया। मैंने तुमसे पूछा कि क्या कल रात चूमने के कारण यह हुआ?

नहीं, तुमने बहुत धीमे से कहा और तुम मुस्कुरायी।

वे दिन कभी वापस नहीं आएँगे।

पुल के नीचे स्केटिंग के घेरे में, मेरा परिचय कराया गया तुम्हारी दोस्त ओल्गा से, एक हाईस्कूल की छात्रा। चौकोर चेहरा, नाक थोड़ी-सी ऊपर मुड़ी हुई, नगण्य-सा भैंगापन।

उसके देखने पर मैं गर्भवती महिला का-सा दर्द महसूस करता था। हर तरह की इच्छा मेरे अन्दर उबलने लगती, किन्तु वह स्वप्न देखती थी एक अन्तहीन प्रेम का।

मैं कहीं दूर चला जाना चाहता था और उसके बारे में सब कुछ भूलना चाहता था किन्तु मुझे उसके उजड़े हाथों पर और उसके पैरों पर जो कुछ ज़्यादा छोटे थे, दया आती थी।

जब मैंने उसे छोड़ा, विदाईस्वरूप कुछ पँक्तियाँ उसे लिखकर भेजीं जिसमें मैंने विश्वास दिलाया कि मैं पारलौकिक प्रेम के लिए नहीं बना हूँ, जिसका वह स्वप्न देखती है।

मेरे तीसरे प्रेम के साथ, मैं निर्भीक हो चुका था, मैं उसे लगातार दायें-बायें चूम रहा था। मैं एक क्षण को भी न रुका।

क्या तुम लोगों को बोर करना उचित है, और मुझे भी, अपने बचकाने रोमाँस के क़िस्से सुनाकर?

साल-दर-साल भोर के प्रकाश में रातें धुँधली हो जाती हैं। मेरे ऊपर बागड़ और अन्तरंग क़िस्सों के ऊपर, नवजात प्रेम नसों में भरता जाता है।

बग़ीचे में और रास्तों पर चुम्बन धुँधले पड़ जाते हैं, बेंचों पर से।

बारिश उन्हें धो जाती है।

अब कोई तुम्हारा नाम नहीं लेता।

मैं भूतकाल की गलियों में चलता हूँ और इन उदास मुलाक़ातों की खटास से अपने कैनवास को भरना चाहता हूँ। उन दिनों के हमारे

धुँधलकों को यहाँ चमकने दो।

और देखने वाला मुस्कुरायेगा।

मैं थिया के साथ हूँ, वह अपने पिता के सलाह-कक्ष के सोफे पर लेटी है, उसके पिता चिकित्सक हैं। मैं उसी तरह खिड़की के पास उस सोफे पर लेटना चाहता हूँ जो कि घोड़े के बाल के काले कपड़े, जिसमें कई जगह छेद हैं, से ढका हुआ है।

यह वही सोफा है, बिना सन्देह के, जहाँ डॉक्टर गर्भवती स्त्रियों और पेट की बीमारी से पीड़ित लोगों को देखता है, सिर और दिल की बीमारियों की जाँच करता है।

मैं उस सोफे पर लेट जाता हूँ, मेरी बाँहें सर पर हैं, और मैं स्वप्न देखता हूँ, छत की ओर देखते हुए, और वह दरवाज़ा, वह जगह जहाँ अक्सर थिया बैठती है।

मैं उसका इन्तज़ार करता हूँ। वह व्यस्त है। वह रात का खाना बना रही है-मछलियाँ, डबल रोटी और मक्खन-और उसका कुत्ता बड़ा और भारी, उसके पैर के चारों तरफ़ घूम रहा है।

मैं सोफे पर लेट जाता हूँ। इस सबब से कि थिया आएगी और मुझे चूमेगी। मैं अपनी बाँहें फैला देता हूँ, विस्तार की बाँहें।

घण्टी बजती है। कौन है?

उसके पिता हैं, मुझे सोफे पर से उठकर तत्काल चले जाना है।

फिर कौन है?

यह थिया की दोस्त है। वह अन्दर आती है और मैं उसको थिया से बतियाते सुनता हूँ।

मैं उसी सलाह-कक्ष में हूँ। मैं जाता नहीं। हाँ मैं बाहर गया था, किन्तु वह दोस्त, उसकी पीठ मेरी तरफ़ थी, उसने मुझे देखा नहीं।

मैं महसूस करता हूँ...। क्या महसूस करता हूँ?

एक तरफ़ मैं नाराज़ हूँ कि मेरे आराम में ख़लल डाला गया, और जहाँ मुझे आशा थी कि शायद थिया मेरे पास आकर बैठे।

दूसरी तरफ़, वह लड़की, उसकी आवाज़ और उसका आना, दूसरी दुनिया से आयी चिड़िया की तरह, मुझे परेशान करता है।

वह कौन है? मैं भयभीत हूँ। नहीं। मैं उससे बात करना चाहता हूँ, मैं उसके पास आना चाहता हूँ।

किन्तु वह थिया को अलविदा कह रही है। वह मुश्किल से मेरी तरफ़ देखती है और चली जाती है।

मैं और थिया टहलने जाते हैं। पुल पर वह फिर से मिलती है। वह अकेली है, एकदम अकेली।

अचानक मैं महसूस करता हूँ कि मुझे थिया के साथ नहीं होना चाहिए, मुझे उसके साथ होना चाहिए।

उसकी ख़ामोशी मेरी है। उसकी आँखें मेरी हैं। मुझे लगता है कि वह हमेशा से मुझे जानती है, मेरा बचपन आज का मेरा जीवन, मेरा भविष्य : जैसे कि वह मुझे देख रही हो, मेरे बहुत भीतर गोता लगा रही हो, जबकि यह पहली बार मैं उसे देखता हूँ।

मैं जानता था कि यह वह है, मेरी पत्नी।

उसका पीला रंग, उसकी आँखें कितनी बड़ी और गोल और काली हैं। वे मेरी आँखें हैं, मेरी आत्मा।

मैं जानता था कि थिया मेरे लिए कुछ नहीं है, एक अजनबी।

मैं एक नये घर में प्रवेश कर चुका था, जिससे मुझे अलग नहीं किया जा सकता।

◀ At the Gate

दस

हमारे आँगन में ज्याँविच का कमरा था, बाद में वह मेरा स्टूडियो हुआ। उस तक पहुँचने के लिए तुम्हें रसोई घर से गुज़रना होगा, मकान मालिक के खाने के कमरे में से, जहाँ वह अपनी विशाल काया लिये, बूढ़ा दाढ़ीवाला, एक चमड़े का व्यापारी, मेज़ पर बैठा चाय पी रहा है।

जब भी मैं उसके कमरे से गुज़रता वह अपना सिर हल्का-सा घुमाता और कहता : "शुभ दिन!"

किन्तु मैं संकोच से भर जाता जब देखता कि मेज़ पर लैम्प के नीचे दो तश्तरियाँ रखी हैं, जिनमें चूसी हुई हड्डियों का ढेर लगा है।

उसकी लड़की, एक भद्दी श्यामला, एक स्थायी प्रेमिका मुस्कुराती है, विचित्र-सी चौड़ी मुस्कान। उसके बाल आइकॉन की तरह हैं और उसकी आँखें, हमेशा अस्थिर।

जब भी प्रवेश करता हूँ वह ख़ुद को हमेशा स्कार्फ या नैपकीन से ढँकने की कोशिश करती है।

मेरा कमरा गहरे नीले रंग की रोशनी से भरा रहता जो कि कमरे की एकमात्र खिड़की से आती। रोशनी दूर से आती है : उस पहाड़ से जिस पर चर्च खड़ा है।

मैं हमेशा उस चर्च और उस पहाड़ को अपने चित्रों में रखकर ख़ुश होता हूँ।

कई बार मैं अपने बिस्तर में कूदता हूँ, पैर हवा में हैं। कैनवास दीवालों पर लगे हैं, धुँधली खिड़कियाँ, धूल, एकमात्र कुर्सी और एक खुरदुरी मेज़।

बेला दरवाज़ा खटखटाती है, वह अपनी पतली ऊँगलियों से डरते हुए दरवाज़ा खटखटाती है। उसके हाथों में, जो स्तनों से चिपके हुए हैं, एक टोकरी है जिसमें पहाड़ की धूल, रहस्यमयी हरी और यहाँ-वहाँ कुछ लाल भरी है।

मैं कहता हूँ ''धन्यवाद!''

यह शब्द नहीं थे।

अँधेरा है। मैं उसे चूमता हूँ। एक स्टिल लाइफ़ जादुई ढँग से मेरे दिमाग़ में कौंधता है।

वह मेरे लिए बैठती है, एक गोल नग्न आकृति।

मैं भयभीत-सा उसकी तरफ़ बढ़ता हूँ। मैं स्वीकार करता हूँ कि यह पहली बार है जब मैं किसी नग्न स्त्री को देख रहा हूँ।

हालाँकि वह लगभग मेरी प्रेमिका थी, फिर भी मैं उसके पास जाने से डरता हूँ, उसके सामीप्य से और उसकी ख़ूबसूरती को छूने से।

जैसे दावत तुम्हारी आँखों के सामने पसरी हो।

मैं उसका एक अभ्यास करता हूँ और दीवार पर टाँग देता हूँ।

दूसरे दिन मेरी माँ मेरे कमरे में आती है और उसे देखती है।

''क्या है यह?''

एक नग्न औरत, स्तन, गहरे धब्बे।

मैं संकोच से भर जाता हूँ : और वह भी।

''उस लड़की को यहाँ से हटाओ।'' वह कहती है।

''प्यारी छोटी माँ!'' मैं तुम्हें बहुत चाहता हूँ, किन्तु...क्या तुमने ख़ुद को कभी नग्न नहीं देखा? और मैंने सिर्फ़ उसे देखा है, रेखाचित्र बनाया है। सिर्फ़ यही।''

हालाँकि मैंने अपनी माँ की आज्ञा का पालन किया। मैंने उस कैनवास को अलग रख दिया, उस नग्न चित्र की जगह, एक दूसरा चित्र बनाया, एक यात्रा।

जल्दी ही मैं दूसरे स्टूडियो में चला गया, एक पुलिस वाले का घर।

मैं वहाँ बहुत ख़ुश था। ऐसा लगता कि वह हमेशा मुझे देखता रहता है, दिन और रात।

तुम जो चाहो चित्र बना सकते हो।

बेला कभी भी आ-जा सकती है।

वह पुलिसवाला लम्बा था, जिसकी मूँछें नीचे की तरफ़ गिरती हुई, ठीक चित्रों की तरह थीं।

उसके घर की दूसरी तरफ़ इलन्स्की चर्च था। बर्फ़ गिर रही थी।

एक रात जब मैं बेला के साथ उसे घर छोड़ने जा रहा था, जब हम एक-दूसरे को चूम रहे थे हमारे पैर एक बड़ी गठरी से टकराये।

"क्या है यह?"

एक बच्चा-परित्यक्ता

एक माँस का लोथड़ा। ऊन में लिपटा हुआ। वह रिरिया रहा था।

शान से मैंने वह गठरी पुलिसवाले को दे दी।

दूसरी बार रात में बेला नहीं जा सकी : दरवाज़े पर ताला लगा था।

छोटे से लैम्प से धुआँ निकल रहा है। रसोई घर के सामने अलाव का लोहा आराम कर रहा था। हर चीज़ स्थिर थी। कुछ ख़ाली हड्डियाँ रखी हुई थीं।

कैसे मैं उसे बाहर ले जाऊँ? पड़ोसी क्या सोचेंगे? "देखो", मैं उससे कहता हूँ, "खिड़की से सरककर बाहर निकलो।"

इस पर हम दोनों बहुत हँसे। मैंने उसे खिड़की से गली में उतरने में मदद की।

दूसरे दिन लोग बातें कर रहे थे आँगन और गलियों में : "तुम जानते हो, वह कभी-कभी खिड़की से चढ़कर उसके कमरे में जाती है और वहीं से बाहर निकलती भी है। मुआमला काफ़ी आगे बढ़ चुका है।"

कोशिश करो और कहो उन सबसे कि मेरी प्रेमिका राफेल की मेडोना से ज़्यादा पवित्र है और मैं फ़रिश्ता हूँ!

कमरे और सोने की जगह किराये पर, जितनी तुम चाहो। सीलन की तरह बहुत सारे विज्ञापन। पीट्सबर्ग के मेरे आगमन पर, मैंने

एक कमरा किराये से लिया जिसे मैं एक युवा मूर्तिकार के साथ बाँटता हूँ। इसने अभी-अभी अपनी जीविका शुरू की है, लेखक सोलेम अलीचेम के अनुसार वह भविष्य का एन्तोकोलस्की है–वह जल्दी ही डाक्टर बनने वाला था।

वह जंगली जानवर की तरह दहाड़ता था और उन्मत्त होकर मिट्टी में काम जल्दी करता, सूखने के डर से।

क्या यह सब मेरे काम का है?

और मैं भी एक मनुष्य हूँ। हर वक्त जगा नहीं रह सकता। वह नाक सुड़कता रहता है।

एक दिन मैंने उसके सिर पर लैम्प फेंककर मारा।

"बाहर निकलो।" मैंने उससे कहा "तुम अपने सोलेम अलीचेम के पास जाओ, मैं अकेला रहना चाहता हूँ।"

राजधानी में मेरे आने के तुरन्त बाद, मैं बैरोन स्टीजिल्ट स्कूल ऑफ़ आर्ट्स एण्ड क्राफ़्ट में प्रवेश लेने के लिए परीक्षा देने गया।

मैंने उसकी बिल्डिंग को देखकर सोचा, यह वह जगह है जहाँ से कोई अनुमति प्राप्त करता है राजधानी में रहने की और भोजन सामग्री क्रय करने में छूट भी मिलती है।

किन्तु पढ़ाई, उन लम्बे प्लास्टर के अलंकरणों की नक़ल, वे मुझे किसी डिपार्टमेण्टल स्टोर की वस्तुएँ लगते हैं, सब मुझे चेतावनी देते हैं।

मैंने सोचा : ये अलंकरण खासतौर से डराने के लिए चुने गये हैं, यहूदियों को परेशान करने के लिए और उन्हें चाही गयी अनुमति से दूर रखने के लिए।

उफ़! मेरा पूर्वाभास ठीक था।

मैं परीक्षा में फेल हुआ। न मुझे अनुमति मिली न ही इमदाद। इसके लिए कुछ नहीं किया जा सकता था।

मैं अनुगृहीत था एक दूसरे स्कूल में प्रवेश पाने के लिए, जो कला को संरक्षण देने वाली संस्था द्वारा चलाया जाता था, यहाँ मुझे तीसरे वर्ष में बग़ैर परीक्षा के प्रवेश दिया गया।

मैंने वहाँ क्या किया? मैं नहीं जानता कि क्या कहना चाहिए।

हज़ारों ग्रीक प्लास्टर के सिर और रोमन शहरियों के, यहाँ-वहाँ हर कोने में रखे हुए थे और मैं बेचारा गाँव का, अनुगृहीत था उन सबसे पहचान करने को और मैसेडोनिया के अलेक्ज़ेण्डर की तिरछी नाक या अन्य किसी जड़बुद्धि प्लास्टर की मूर्ति को जानने को।

कई बार मैं उनकी नाक पर घूँसा जमा देता था। और कमरे में पीछे से, देर तक मैं वीनस के धूल-धूसरित स्तनों को देखता रहता।

हालाँकि मेरी तरह से चित्र बनाना रद्द किया जाता था। और मैं भी कोई हल नहीं देख पाता था।

मैं उन टैक्सी चालकों को हिकारत से नहीं देखता था जो वहाँ सीखने आते थे और अपनी ग़ल्तियों पर पेपर खोद डालते। वे पसीना बहाते थे जैसे बेलचे का इस्तेमाल कर रहे हों।

दिल से वे लोग बुरे नहीं थे। मेरी शामी उपस्थिति उनके अन्दर जिज्ञासा भर देती थी। वे कभी-कभी मुझे सलाह भी देते थे, मेरे रेखाचित्रों को सँभाल कर रखने की। (मैंने एक भी सम्हालकर नहीं रखा) और उन्हें प्रतियोगिता में भेजने की।

जब मुझे पता चला कि मैं उन चार में से हूँ जिन्हें छात्रवृत्ति मिली है, मैंने सोचा, मैं पिछला सब हमेशा के लिए भूल जाऊँ। एक साल के लिए मुझे दस रूबल प्रतिमाह मिले। मैं अब अमीर था और ख़ुद को जोकोवस्कजा स्ट्रीट पर बने छोटे-से रेस्तराँ में दावतें देता-इसके बाद नियमानुसार, मैं लगभग पास कर दिया गया।

मूर्तिकार ग्र्वीजबोर अब मेरी सहायता के लिए आया। छोटा, चिकना, लम्बी बकरा दाढ़ी, एक अच्छा आदमी। मैं उसे कृतज्ञतापूर्वक याद करता हूँ।

अकादमी ऑफ़ फाईन आर्ट्स में उसका स्टूडियो था। वह शिक्षकों द्वारा दी गयी भेंटों से भरा रहता, एन्तोकोलस्की और उसके समकालीन प्रसिद्ध व्यक्तियों की आवक्षमूर्तियाँ, मुझे लगता था कि ये वे लोग हैं जिन्होंने अपना जीवन कठिन रास्ते से तय किया।

सच बात तो यह है, वह छोटा आदमी, लियो टालस्टाय, स्टेसॉफ रेपिन गोर्की, शालियापिन और कई अनेक लोगों से अन्तरंगता रखता था। वह अपनी प्रसिद्धि की ऊँचाई पर था, जबकि मैं कुछ नहीं था, जीवन जीने के अधिकार के बिना महीना गुज़ारने के लिए ज़रूरी कमाई के बिना।

मैं नहीं जानता कि क्या उसे मेरे कैशोर्य के अभ्यास में कोई उत्कृष्टता दिखी?

जैसे भी हो उसने आदतानुसार मुझे बैरोन डेविड ग्र्वींगबोर्ग के लिए एक अनुमोदन पत्र दिया। उन्होंने मुझे कुछ महीनों के लिए दस रूबल की इमदाद प्रदान की।

और उसके बाद तुम ख़ुद अपना देखो!

वह विद्वान बैरान, स्टेसॉफ का अन्तरंग मित्र, कला के बारे में कुछ नहीं जानता था। मगर वह सोचता था कि यह उसका कर्त्तव्य है कि मुझ पर कृपा करते हुए बात करे। मुझे कहानियाँ सुनाये, इस नीति को सिद्ध करते हुए कि कलाकार को विवेकी होना सीखना चाहिए।

''उदाहरण के लिए एन्तोकोलस्की की पत्नी को देखें। वह अच्छी नहीं थी। ऐसा लगता है वह भिखारियों को दरवाज़े से भगा देती है। देखो उन बेचारों को! विवेकशील बनो...कलाकार के जीवन में पत्नी महत्त्वपूर्ण होती है।''

मैं अदब से सुनता रहता-साथ ही किसी और विचार में उलझा रहता।

मैंने उसकी इमदाद चार या पाँच महीनों के लिए उठायी।

और मैंने सोचा : बैरोन मुझसे हमेशा, सम्मान से पेश आता है : वह मुझसे प्रेम करता है-फिर क्यों नहीं वह मेरी सारी ज़रूरतों को पूरा करने की कोशिश करता, जिससे कि मैं जी सकूँ और काम कर सकूँ?

एक दिन जब मैं दस रूबल लेने के लिए गया, उसके प्रभावशाली नौकर ने मुझे देते हुए कहा :

"यह आख़िरी बार है।"

क्या बैरोन और उसके परिवार ने कभी सोचा है कि मेरा क्या होगा जब मैं उनकी भव्य सीढ़ियों को छोड़ जाऊँगा? क्या मैं, सत्रह साल की उम्र में, अपने रेखाचित्रों से जीवन-यापन कर सकूँगा? या उसने सिर्फ़ यह सोचा : अपना ख़याल ख़ुद रखो, अख़बार बेचो।

फिर वह मुझसे बात करने की ज़हमत क्यों उठाता जैसे कि उसे मेरी योग्यताओं पर विश्वास हो?

मैं समझने में असमर्थ था। और समझने को कुछ था भी नहीं।

मैं अकेला हूँ जो कष्ट उठा रहा हूँ, कोई और नहीं।

मेरे पास एक कोना भी नहीं है जहाँ मैं रेखाचित्र बना सकूँ।

अलविदा बैरोन!

उस वक़्त मेरा परिचय महत्त्वपूर्ण कला संरक्षकों से कराया गया था। हर जगह, उनके ड्राइंग रूम में, मैं महसूस करता जैसे मैं अभी-अभी नहाकर निकला हूँ, मेरा चेहरा सुर्ख़ और ज़्यादा गर्म है।

ओह! राजधानी में रहने की अनुमति।

यहाँ हूँ मैं एक वकील गोल्डबर्ग के घर में नौकरी करता।

वकीलों को यहूदी नौकर रखने का अधिकार है।

किन्तु, क़ानून के अनुसार मुझे उसी के घर में रहना होगा और उसी का खाना होगा। हम दोनों बहुत अच्छे दोस्त बन गये थे।

बसंत ऋतु में वह मुझे नारवा ले जाता था, जहाँ उसकी जायदाद थी, उसके विशाल ड्राइंग रूम में, पेड़ों की छाँव के नीचे और समुद्र के किनारे, उसकी पत्नी और उसकी बहनें, बहुत लाड़ बिखेरती थीं।

प्यारे गोल्डनबर्ग। मैं इस वक़्त तुम्हें अपने सामने देखता हूँ।

मगर मैकेन्नासेज से मिलने के पहले मैं नहीं जानता था कि किस दिशा में जाऊँ।

किराये से कमरा लेने की मेरी हैसियत नहीं थी : मैं जबरन अपने आपको कोनो और डोरमेट्री पर डालने के लिए बाध्य था। मेरे पास ख़ुद का बिस्तर तक न था। वह मुझे किसी कामगार से बाँटना पड़ता। यह सच है, वह फ़रिश्ता था। वह कामगार जिसकी काली मूँछें थीं।

वह इतना दयालु था कि बिस्तर पर मुझे ज़्यादा जगह देने के लिए अपने आपको दीवार से सटा लेता। अपनी पीठ उसकी तरफ़ किये मेरा चेहरा खिड़की की तरफ़ होता, मैं ताज़ी हवा फेफड़ों में आने देता।

उन जातिगत एकान्त स्थानों में, मज़दूरों के साथ, मेरे पास करने को कुछ नहीं होता सिवाय इसके कि मैं पलंग की पाटी पर पड़ा अपने बारे में सोचता रहूँ। और क्या हो सकता था? सपने मुझे भर देते हैं : एक सोने का कमरा, चौकोर, ख़ाली। कमरे के कोने में अकेला बिस्तर और बिस्तर पर मैं। अब अँधेरा हो रहा है।

अचानक छत की खिड़की खुलती है और पँखों वाला हुल्लड़ करता हुआ नीचे उतरता आता है, कमरा उसकी हलचल और बादलों से भर जाता है।

पंखों की फड़फड़ाहट। ख़ामोश सरसराहट।

मैं सोचता हूँ : एक फ़रिश्ता। मैं अपनी आँखें नहीं खोल सकता : वह चमक रहा है, प्रदीप्त।

चारों तरफ़ छानबीन कर लेने के बाद, वह ऊपर उड़ता है और छत की खुली खिड़की से निकल जाता है, अपने साथ सारी रोशनी और नीली हवा समेटता हुआ।

एक बार फिर अँधेरा फैल जाता है।

मैं जग जाता हूँ।

मेरा चित्र 'दिव्य दर्शन' (द आपारीशन) the apparition यही स्वप्न जगाता है।

किसी और समय मैंने आधा कमरा किराये पर लिया, पेण्टिलीमोनोवस्की गली में। मैं क़भी नहीं समझ पाया रात में कहाँ से वे सारी आवाज़ें आतीं जो मुझे सोने से बचाये रखती हैं। कमरे का आधा हिस्सा एकमात्र परदे से बाँटा गया है। वह खर्राटे क्यों?

अक्सर कमरे के दूसरे आधे हिस्से का किरायेदार, एक शराबी, दिन में मुद्रक और रात में मनोरंजन पार्क में अकार्डियन बजाने वाला, रात में घर देर से आता है और, अपने को कच्ची पत्ता गोभी से भर लेने के बाद बीबी को प्रेम करने पर बल देता है।

वह उसे धकेलती है, और कमरे के मेरे आधे हिस्से में शरण लेती है। फिर अपने रात के वस्त्रों में लिपटी हुई भाग जाती है बरामदे में। वह पीछा करता है, उसके हाथ में चाकू है।

"तुम्हें हिम्मत कैसे हुई, मुझे मना करोः अपने क़ानूनन पति को?"

मैं उस वक्त समझ पाया, कि रूस में, यहूदी ही अकेले नहीं हैं जिन्हें जीने का अधिकार नहीं है, कई रूसी भी हैं, बालों में जुएँ के गुच्छों के रूप में चिपके। हे भगवान!

मैं फिर दूसरी जगह चला जाता हूँ।

मेरे साथ में रहने वाला एक फ़ारसी है जिसका अतीत रहस्यमय है। वह भगोड़ा है, वहाँ किसी समय प्रतिक्रियावादी था, बाद में तत्कालीन शाह के साथ काम करता रहा। उसके बारे में और ज़्यादा पता नहीं चल सकता।

वह मुझे चाहता था, जैसे लोग चिड़िया को चाहते हैं, अक्सर वह फ़ारस के सपने देखता और अपने रहस्यमय अतीत के बारे में बताता रहता।

बाद में, मैंने जाना कि शाह के इस पूर्ववर्ती पिछलग्गू ने पेरिस की सड़क पर आत्महत्या कर ली है।

हालाँकि मेरी यन्त्रणाएँ बढ़ चुकी थीं उस प्रसिद्ध अनुमति के न होने से और इसलिए भी कि सेनाओं में मेरी सेवाएँ देने का समय नज़दीक आता जा रहा था।

एक दिन अपनी छुट्टियाँ बिताकर पीटसबर्ग लौटते हुए बिना अनुमति पत्र के, मुझे कमिश्नर द्वारा गिरफ़्तार कर लिया गया।

वह पासपोर्ट जारी करता था और उसे जिस रिश्वत की आशा थी वह मुझसे मिल न सकी (मैं समझता नहीं था) उसने बलपूर्वक मेरा अपमान किया और आदेश दिया :

"ऐ, सुनो। गिरफ़्तार कर लो इसे...यह राजधानी में बिना अनुमति पत्र के घुस रहा था। फ़िलहाल इसे चोरों के साथ लॉक अप में डाल दो। बाद में तुम इसे जेल भेज सकते हो।"

और यह कर दिया गया।

खुदा का शुक्रिया। आख़िरकार मुझे शान्ति मिल ही गयी।

यहाँ, कम से कम, मुझे जीने का अधिकार तो है। यहाँ में आराम कर सकूँगा, खा सकूँगा और शायद एकान्त में रेखांकन भी कर सकूँ।

और कहीं भी मैंने इतना आराम महसूस नहीं किया जितना कि उस कोठरी में जहाँ उन्होंने मेरे सारे कपड़े उतारकर मुझे कैदियों की पोशाक पहनायी।

चोरों और वेश्याओं की भाषा बहुत आकर्षक थी। उन्होंने कभी भी मुझे कोसा न ही कभी धक्का दिया। उनके बीच मेरी प्रतिष्ठा थी।

बाद में मुझे एक अलग सेल में भेज दिया गया, एक शानदार बूढ़े व्यक्ति के साथ।

वहाँ के शौचालय में बार-बार जाने में मुझे आनन्द आता था-बिना किसी कारण वहाँ की दीवारों और दरवाज़ों पर गोदे गये वाक्यों के गूढ़ अर्थ निकालने में, और खाने के कमरे की लम्बी मेज़ के ऊपर रखे कटोरों के पानी में झाँकते रहने पर।

और उस सेल में, रोज़ बिजली चली जाती थी, अक्सर रात के नौ बजे, ताकि हम न पढ़ सकें, न चित्र बना सकें, मैं शान से सोता था। बल्कि मैंने वहाँ फिर से स्वप्न देखना शुरू किया।

यहाँ उनमें से एक स्वप्न इस तरह है : एक पिता के कुछ बच्चे, उनमें से एक मैं हूँ, किसी समुद्र के किनारे हैं।

सब, मुझे छोड़कर, एक ऊँचे शेर के पिंजड़े में बन्द हैं। पिता, एक औरंगुटान का मोहरा अपने हाथ में पकड़े हैं और दूसरे में चाबुक, बारी-बारी से हमें धमका रहे हैं।

और अचानक हम लोग नहाने की इच्छा से जड़वत् हो जाते हैं, मेरा बड़ा भाई ब्रूवेल, रूसी चित्रकार वह भी वहाँ था, मैं नहीं जानता क्यों, मेरे अनेक भाइयों के साथ।

पहला जिसे वे पिंजरे से बाहर निकालते हैं ब्रूवेल था मुझे याद है उसे देखते हुए हमारा प्यारा भाई, अपने कपड़े उतारता है। हम देखते हैं दूर कहीं उसके सुनहरे पाँव कैंची की तरह खुल गये हैं। वह खुले समुद्र की तरफ़ तैरने लगता है। किन्तु जंगली समुद्र दहाड़ता हुआ, उबलता हुआ शिखर की तरह गुस्सैल लहरें उसकी तरफ़ बढ़ रही थी। शीरे की तरह भारी लहरें, अपनी आवाज़ से बहरा करती हुई। मेरे असहाय भाई का क्या हुआ। हम सब चिन्तित हैं। सब जो देख सकते हैं, दूर, बहुत दूर, उसका छोटा-सा सर-और ज़्यादा चमकती हुई टाँगें नहीं।

और अन्त में उसका सर भी ग़ायब हो गया।

एक बाँह पानी से बाहर निकलती है, और कुछ नहीं।

सब बच्चे चिल्लाते हैं :

''वह डूब गया : हमारा सबसे बड़ा भाई, ब्रूवेल डूब गया...।''

पिता अपनी गहरी आवाज़ में दोहराते हैं : ''वह डूब गया, हमारा बेटा ब्रूवेल। अब जो कुछ भी हमारे पास बचा है वह चित्रकार है, तुम, मेरे बेटे!''

और अन्त में जेल से छोड़ दिया गया, मैंने तय किया कि मैं अपने आप को किसी व्यवसाय में प्रवीण कर लूँ और इससे मेरे पास राजधानी में रहने के लिए वह अनुमति पत्र होगा। एक व्यावसायिक स्कूल से प्रमाण-पत्र प्राप्त करने के लिए मैंने साइनबोर्ड पेण्टर

का काम सीखना शुरू कर दिया।

मैं परीक्षा से डरता था। शायद मैं एक फल बना सकता हूँ या एक तुर्क धुआँ उड़ाता हुआ, किन्तु निश्चित ही अक्षर लिखने में मुझे तकलीफ़ होती थी, हालाँकि मैंने बहुत रूचि से उन्हें बनाना सीखा और उसकी एक शृँखला तैयार की।

मैं अपने साइन बोर्ड्स को बाज़ारों में झूलता हुआ देखना पसन्द करता था । कसाई की दुकान के ऊपर या फिर फल की दूकान, और उसे सुअर और मुर्गे खरोंच रहे हैं। उदासीन हवाएँ और बारिश उस पर कीचड़ उछाल रही हैं।

◀ Lovers on a Bench

ग्यारह

किन्तु यह बेकार था कि मैं कलाओं के संरक्षण स्कूल में पढ़कर अपना कोर्स पूरा करूँ। मैं जानता था कि मैं कभी-भी सन्तुष्ट नहीं रहा।

पढ़ाई लगभग नहीं थी। हमारा निदेशक, रोरिक, इतिहास और पुरातत्व पर अपठनीय कविताएँ और पुस्तकें लिखा करता था, और, जकड़े हुए दाँतों के साथ मुस्कुराते हुए उनके अंश पढ़कर सुनाता था-मैं नहीं जानता क्यों?

और मैं भी, उसके स्कूल का एक छात्र, एक भी शब्द नहीं समझ सका हूँ।

उस स्कूल में मैंने अपने दो साल बर्बाद किये। उसकी कक्षाओं में ठण्ड हुआ करती थी। सीलन की बदबू मिट्टी और रंगों में घुल जाया करती थी, गोभी का अचार और मोहिध्आयकी नहर के ठहरे हुए पानी की ठण्ड, की तरह-तरह की दुर्गन्ध, काल्पनिक और सत्य।

हालाँकि मैं ख़ुद को काम में झोंक देता था, यह सब एक कटु अनुभव था और फिर अपने चारों ओर प्रशंसा देखता। मैंने यह महसूस किया कि इस तरह काम करने से नहीं चलेगा।

समय-समय पर मेरी लम्बी टाँग वाला अध्यापक मुझे पूरी कक्षा के सामने फटकारता था।

यह सच था कि उसके विद्यार्थी दयनीय ढँग से रंग लगाते थे और यह सब मुझे क्रोधोन्मत्त कर देता था।

छात्र एक ही कक्षा में कई साल गुज़ार देते।

मैं नहीं जानता था क्या करना चाहिए, और कैसे? काग़ज़ पर चारकोल अपनी उँगलियों से घिसकर काला करना या दूसरों की तरह जम्हाइयाँ लेना।

मेरे प्रोफ़ेसर के लिए मेरे रेखांकन अर्थहीन पुताई थे।

उसकी इस तरह की आलोचनाएँ सुनना : ''कौन-सी मूर्खता तुम्हें यहाँ ले आई है?'' और, ''एक छात्रवृत्ति पाने वाला छात्र,-ओह!'' मैंने स्कूल हमेशा के लिए छोड़ दिया। यह वह समय था जब बाक्स्ट का स्कूल पीटसबर्ग में प्रसिद्ध हो रहा था।

अकादमी से बहुत दूर और कलाओं के संरक्षण स्कूल से बहुत दूर, यह अकेला स्कूल था जो यूरोप की साँसों से जीवित था। किन्तु महीने के तीस रूबल मुझे भयभीत कर देते। कहाँ से लाऊँ मैं उन्हें?

एम.स्यू, हमेशा मुस्कुराते हुए मुझे कहते, ''रेखांकन, सबसे ऊपर, रेखांकन! उसका सोचो!'' और मुझे एक सिफारिशी पत्र मिस्टर बाक्स्ट के लिए दिया।

अपने हिम्मत हाथों में समेटता, मैंने अपने रेखांकन इकट्ठे किये, जो मैंने कक्षाओं में और घर पर किये थे, उन्हें लिये मैं सरज्यूवस्काईया गली में बाक्स्ट के घर जा पहुँचा।

''मास्टर सो रहे हैं'' लियो बाक्स्ट की रहस्यमयी नौकरानी ने मुझसे कहा।

दोपहर के एक बज रहे हैं और वह अभी तक बिस्तर में है, मैंने सोचा।

शान्ति। बच्चों के चिल्लाने की आवाज़ नहीं, न ही औरतों के इत्र की सुगन्ध। दीवारों पर, ग्रीक देवताओं के चित्र, अल्तार पर एक काला मखमली पर्दा, पूजा घर से आया चाँदी की एम्ब्रायडरी का काम। अजीब! जैसे मैं पहले पन्नी के सामने हकलाया था-''मेरा नाम मार्क है। मेरा संवेदनशील पेट है और पैसा नहीं है, किन्तु लोग कहते हैं कि मुझमें प्रतिभा है।'' मैं बाक्स्ट के कमरे में संकोच से फुसफुसाया।

वह अभी तक सो रहा है किन्तु जल्दी ही आएगा। मुझे सोचना चाहिए कि मैं उससे क्या कहूँगा।

बस यही! मैं निश्चित ही उससे कहूँगा, यह मैंने अभी-अभी जाना ''मेरे पिता एक साधारण क्लर्क थे और आपका घर बहुत साफ़ है...।''

मैं कभी-भी इन्तज़ार करने से इतना व्यथित नहीं हुआ और अन्त में, वह सामने है। मैं उसकी वह मुस्कुराहट कभी नहीं भूल सकता, दया की झलक से भरी या शायद कृपापूर्वक, जिसके साथ उसने मेरा स्वागत किया।

मुझे लगा कि यह संयोग ही है कि वह यूरोपियन कपड़े पहने हैं। वह यहूदी है। उसके कानों के ऊपर लाल घुँघराले बाल। वह मेरा चाचा भी हो सकता था, मेरा भाई भी।

मुझे अभी-अभी याद आया कि उसका जन्म हमारे घेटो के पास ही हुआ था और यह भी कि उसका एक गुलाबी और सफ़ेद भाई है मेरी तरह : और शायद वह भी मेरी ही तरह हकलाता भी है।

बाक्स्ट स्कूल में जाने से उसे देखने से मैं घबराता हूँ, मुझे नहीं पता क्यों।

बाक्स्ट। यूरोप। पेरिस।

वह मुझे समझेगा : वह समझेगा कि मैं क्यों हकलाता हूँ, क्यों मैं पीला हूँ, क्यों में अक्सर उदास रहता हूँ और यह भी कि क्यों मैं नीले रंगों से चित्र बनाता हूँ।

वह मेरे सामने खड़ा है, मुस्कुराता और हल्के से अपने चमकते हुए दाँतों की पँक्ति दिखाता, गुलाबी और सुनहरे।

''मैं तुम्हारे लिए क्या कर सकता हूँ?'' उसने कहा।

उसके होठों पर, कुछ शब्द अजीब ढँग से डोलते थे, एक खास उच्चारण जो कि उसे और यूरोपियन बनाता है, पहले से भी ज़्यादा।

मुझे यह पता चले ज़्यादा दिन नहीं हुए थे कि अब स्कूल में सीखने के लिए कुछ नहीं है। और यह बात बाक्स्ट भी जानता था, आने वाले रूसी सीजन में हमेशा के लिए स्कूल और पीटसबर्ग पर छोड़ दिया।

मैं हकला रहा था :

''लियोन सेम्युविच, क्या कोई..? तुम जानते हो, लियोन सेम्युएलविच मैं पेरिस...जाना...चाहता हूँ।''

''ओह! यदि तुम चाहो। अच्छा बताओ, क्या तुम सीनरी पेण्ट कर सकते हो?''

''फिर यह लो सौ फ्रैंक्स। अपने व्यवसाय को अच्छी तरह से सीखो, जानो और मैं तुम्हें वहाँ ले चलूँगा।

किन्तु हमारे रास्ते अलग हो गये और पेरिस के लिए मैं अकेला चल पड़ा।

मैंने अपने पिता को विद्रोह करने के लिए उकसाया।

''पिता।'' मैंने उनसे कहा, ''सुनो, तुम्हारा एक पुत्र है जो अब चित्रकार है। जब तक तुम अपने मालिक को अमीर बनाते-

बनाते थक जाओगे, क्या मैं उस वक्त तक पीटसबर्ग में अपना समय गुज़ारते बेहोश नहीं हो चुकूँगा? क्या मैं बहुत सारे कीमे के कटलेट्स नहीं खा चुका हूँ? पेरिस में मुझे क्या हो जाएगा?''

और उसने, जवाब दिया :

''क्या? अलग हट जाऊँ? और तुम मुझे पालने जा रहे हो? मैं यह देख सकता हूँ?''

माँ ने हिम्मत से काम लिया।

''बेटे, हम तुम्हारे माता-पिता हैं। वहाँ जाकर खत लिखना न भूलना। किसी भी चीज़ की ज़रूरत हो तो तत्काल लिख भेजना।''

मेरे पैरों के नीचे से मातृभूमि सरकती जा रही थी। अशान्त नदी बह रही थी : क्या यह वह नदी नहीं हैं जहाँ एक बार मैंने तुम्हें बाँहों में भरा था...।

पहाड़ी के ऊपर, आउस्पेन चर्च, और उसके ऊपर डोम। देविना नदी छोटी और छोटी होती जा रही है। अब मैं किशोर नहीं रहा।

जैसे ही मैंने यह जाना कि मैं अपने आपको रूसी भाषा में कैसे व्यक्त कर सकता हूँ, मैंने कविता लिखनी शुरू कर दी। यह साँस लेने जैसा था।

एक शब्द और आह में क्या फ़र्क़ है? मैं अपनी कविताएँ दोस्तों को सुनाता था। वे भी कविताएँ लिखते थे किन्तु जैसे ही मैं अपनी कविताएँ पढ़ता, उनकी नींद ग़ायब हो जाती थी।

मैंने यह जाना कि मेरा दोस्त विदेशी कविताओं के अनुवाद अपनी कविताओं के रूप में सुनाता था।

मैं अपनी कविताएँ किसी असली कवि को दिखाना चाहता था, वह जिनकी कविताएँ छपती है।

मैंने ग्विन्सबर्ग से यह पूछने का जोख़िम उठाया, मेरी कविताएँ उसके किसी दोस्त को दिखाने के लिए उनका एक कवि जो उस वक्त फैशन में था।

किन्तु जैसे ही मैंने अपनी यह इच्छा ज़ाहिर की (कितना त्रासद था इस विषय में मुँह खोलना) वह स्टूडियो में तेज़-तेज़ चलने लगा, मूर्तियों के बीच अपना रास्ता बनाता और चिल्लाता हुआः

''क्या? कैसे हो सकता है? इसका क्या फ़ायदा? एक चित्रकार को इसकी ज़रूरत नहीं है। बल्कि उसको इज़ाज़त ही नहीं देनी चाहिए।''

मैं चौंका था, किन्तु उसी वक्त मैं शान्त भी था।

''यह सच है, इसकी कोई ज़रूरत नहीं है।''

बाद में जब मैं अलेक्ज़ेण्डर ब्लाक से मिला, एक कवि, दुर्लभ और कुशाग्र; मुझे फिर से यह इच्छा हुई कि मैं अपनी कविताएँ उसको दिखाऊँ और उसके मत जानूँ।

किन्तु उसके सामने और उसकी आँखों के सामने, मैं हमेशा वापस ले लेता था अपने इस विचार को।

और मैंने सब फेंक दिया। एक कापी मेरी तरुण कविताओं से भरी हुई।

हर कोई घर पर है। पेत्रोगार्द, ड्यूमा बैठा है। रिट्स अख़बार। वातावरण में बिजली है।

और मैं, मैं चित्र बना रहा हूँ। माँ मेरे चित्रों को देख रही है। वह सोचती है, उदाहरण के लिए कि इस चित्र 'जन्म' में मैं स्त्री के पेट पर पट्टियाँ बँधी हुई दिखाऊँ।

मैं शीघ्र ही उसकी इच्छा को पूरी कर देता हूँ।

यह ठीक था। शरीर ने जीवन ले लिया है।

बेला मेरे लिए कुछ नीले फूल लेकर आती है, हरी पत्तियों के साथ घुले-मिले। वह सफ़ेद वस्त्र पहनी है। हाथों में काले दस्ताने। मैं उसका व्यक्तिचित्र बना रहा हूँ।

एक बार मैंने शहर भर के बाड़ों को गिना, और चित्र बनाया 'मृत्यु।'

एक बार मैंने अपने पूरे परिवार और दोस्तों की नब्ज़ जाँची, फिर चित्र बनाया 'शादी।'

किन्तु मुझे यह महसूस हुआ कि यदि मैं और ज़्यादा बितेवस्क शहर में रुका तो मैं बालों और काई से ढँक जाऊँगा।

मैं गलियों में भटकता था, मैं ढूँढ़ता था और प्रार्थना करता-''भगवान जो बादलों में या मोची के घर के पीछे छिपा है, मेरी आत्मा को मुक्त करे, एक हकलाता हुआ लड़का जिसकी आत्मा दुख से भरी है। मुझे मेरा रास्ता दिखाओ। मैं दूसरों की तरह नहीं होना चाहता हूँ : मैं देखना चाहता हूँ एक नये संसार को।''

और जवाब में जैसे शहर टूटकर अलग हो गया, वायलिन के टूटे तार की तरह। वहाँ पर रहने वाले अपने घरों को छोड़कर पृथ्वी के ऊपर चलने लगे हैं। लोग जिन्हें मैं अच्छी तरह जानता था, अपनी छतों पर बैठ आराम करने लगे।

सारे रंग बदलकर शराब में घुल गये। मेरे कैनवास तत्क्षण भावावेग में बह गये।

मैं ख़ुश हूँ तुम सबसे। किन्तु...क्या तुमने कभी परम्परा के बारे में सुना है, एक्स के बारे में उस चित्रकार के बारे में जिसने अपना कान काट लिया, क्यूब्स के बारे में, चौकोर के बारे में, और पेरिस के बारे में?

बितेव्स्क मैं तुम्हें ख़ाली कर रहा हूँ।

अपनी हरिंग मछलियों के साथ अकेले रहो।

मैं कुबूल करता हूँ। मैं कह नहीं सकता कि पेरिस ने मुझे आकर्षित किया है।

न ही मेरे अन्दर वह उत्साह था जब मैंने बितेव्स्क को पीटसबर्ग के लिए छोड़ा था। मेरे लिए यह बड़ा मुश्किल है बताना कि दरअसल मुझे क्या चाहिए?

बहुत ज़्यादा क्षेत्रीय, यदि मैं सच कहूँ तो यह मानना चाहिए।

यात्राओं और परिवर्तन को पसन्द करने वाला मैं फिर भी स्वप्न देखता हूँ, अकेला पिंजड़े में बन्द रहने का।

मैं अक्सर यह सोचा करता हूँ कि एक छोटा-सा कमरा, जिसकी एकमात्र खिड़की से कोई मुझे खाना दे सके, हमेशा मुझे सन्तुष्ट करता है।

यही कुछ महसूस करते हुए मैं पहले पीटसबर्ग गया और बाद में पेरिस। किन्तु बाद की यात्राओं के लिए, मेरे पास पैसों की तंगी थी।

यदि मैं पेरिस आये उन तीस हज़ार चित्रकारों की भीड़ में न खोऊँ, तो इसके लिए सबसे पहले मुझे यह तय करना होगा कि मैं कैसे वहाँ रहूँगा और अपने जीवन-यापन के लिए क्या काम करूँगा।

वहाँ मेरी मुलाक़ात हुई मिस्टर बिनावर से जो ड्यूमा के प्रतिष्ठित सदस्य थे।

यह मत सोचिए कि राजनीति और समाज के प्रतिष्ठित व्यक्ति ही उससे मिल सकते थे।

अब अत्यन्त दुख के साथ मैं आज यह कह सकता हूँ कि मैंने उसके अन्दर एक शानदार व्यक्ति खोया जो मेरे नज़दीक था लगभग पिता की तरह।

मुझे उसकी चमकदार आँखें याद हैं, उसकी भौंहें जो धीमे-धीमे डफ पर-नीचे हिलती थी और उसके मुँह के पास वह संवेदनशील चोट का निशान, उसकी हल्की भूरी दाढ़ी, और यह सम्भ्रान्त पार्श्वचित्र जिसे मैं हमेशा संकोचवश चित्रित करने की हिम्मत नहीं जुटा पाया।

मेरे पिता और उसमें समानता न होने के बावजूद, जो कभी-कभी इबादतग़ाह के अलावा कहीं और नहीं गये जबकि मिस्टर बिनावर लोगों द्वारा चुने गये, फिर भी उन दोनों में कुछ समानता थी। मेरे पिता ने मुझे इस संसार में लाकर रखा और बिनावर ने मुझे चित्रकार बनाया।

उनके बग़ैर शायद मैं एक छायाकार बनता जो बितेव्स्क शहर में रहता और कभी-भी पेरिस के बारे में न सोचता।

पीटसबर्ग में मेरे रहने के दौरान न तो मेरे पास वहाँ रहने की अनुमति थी न ही छोटा-सा कोना, जहाँ मैं रह सकता : कोई बिस्तर नहीं, बिना पैसे के।

एक से ज़्यादा बार मैंने टेबल पर जलते हुए लैम्प की ओर ईर्ष्या-भरी नज़रों से देखा। देखो, कितने आराम से जल रहा है यह, मैंने सोचा और अपने अन्दर भरे तेल को पूरा पी जाता है और मैं...?

मैं लगभग नहीं के बराबर कुर्सी पर बैठा हूँ, उसकी आख़िरी क़िनार पर। और कुर्सी मेरी नहीं है। एक कुर्सी बिना कमरे के।

मैं कभी हिम्मत भी नहीं कर पाया शान्त बैठे रहने की। मैं भूखा हूँ, मैं सपने देखता हूँ सासेजेस के जिन्हें मेरे दोस्त पाते थे।

सामान्यतया वर्षों मैंने डबलरोटी और सासेजेस के सपने देखे।

इसमें कुछ जोड़ सकें तो चित्र बनाने की चाहना...।

और नीचे कहीं मेरा इन्तज़ार कर रहे हैं हरे राब्बी, नहाते हुए किसान, लाल यहूदी, दयालु और बुद्धिमान, उनका लवाज़मा, उनके बोरे, गलियों में, घरों में और यहाँ तक की छत पर भी।

वे मेरा इन्तज़ार करते हैं, मैं उनका इन्तज़ार करता हूँ, हम एक-दूसरे का इन्तज़ार करते हैं।

किन्तु दूसरी तरफ़ गलियों में पुलिस तैनात है। पुलिस स्टेशन, दरवाज़ों पर खड़े मज़दूर और पासपोर्ट अधिकारी सचिवालय में।

मैं गलियों में भटकता हूँ, रेस्तराँ के दरवाज़ों पर लिखे मीनू पढ़ता हूँ-कविता की तरह, 'आज के खास पकवान', और हर पकवान की क़ीमत।

फिर यह बिनावर था जिसने मुझे जाचारजेवस्काजा गली के एक घर में रखा, जिसमें कि 'डॉन' मैग्ज़ीन के सम्पादकगण रहा करते हैं।

मैंने लेवीतान पेण्टिंग की नक़ल की जो उसके पास है। मुझे वह चाँदनी के चित्रण के कारण पसन्द थी। ऐसा लगता जैसे कैनवास के पीछे कई मोमबत्तियाँ जल रही हैं।

कभी हिम्मत नहीं हुई कि उस चित्र को जिस दीवार पर वह टँगा था वहाँ से उतार सकूँ वह बहुत ऊँचाई पर था इसलिए मैंने कुर्सी पर खड़े होकर उसकी नक़ल बनायी।

वह नक़ल मैं फ्रेम करने वाले के पास ले गया, जो बड़े चित्र भी बनाता था।

यह मेरे लिए आश्चर्य का विषय था जब उसने मुझे दस रूबल दिये।

कुछ दिनों के बाद जब मैं उसकी दूकान के सामने से गुज़रा मैंने देखा मेरी नक़ल उसकी दूकान में सबसे खास जगह पर टँगी हुई है और चित्र पर हस्ताक्षर है 'लेंवीतान'। मालिक मुझे देखकर मुस्कुराया और मुझसे कुछ अन्य नक़ल करने के लिए कहा।

कुछ दिनों बाद मैं अपने चित्रों का ज़खीरा लेकर उसके पास गया। शायद, मैंने सोचा, इनमें से कुछ वह बेच सके।

किन्तु दूसरे दिन, जब मैं उससे यह पूछने गया कि क्या कोई चित्र बिका है, उसने मुझे आश्चर्य से देखा-"माफ़ करिए महाशय!" उसने पूछा, "तुम कौन हो? मैं तुम्हें नहीं जानता।"

इस तरह मैंने अपने पचास चित्र गुमा दिये।

बिनावर ने मुझे हिम्मत बँधाने के लिए हर सम्भव प्रयत्न किया।

मिस्टर साइरकाइन और मिस्टर स्यू के साथ वह सपने देखता था कि मैं दूसरा एन्तोकोलस्की बनूँगा।

हर दिन वह अपने घर की सीढ़ियाँ चढ़ते हुए मेरी तरफ़ देखकर मुस्कुराता और पूछता : 'ठीक है कैसा चल रहा है?"

सम्पादकों का कमरा मेरे कैनवासों और रेखाचित्रों से भरा हुआ था। अब वह सम्पादकों का कमरा नहीं दिखता था, एक स्टूडियो था। चित्रकला पर मेरे विचार सम्पादकों की आवाज़ से मिल जाते थे जो बहसें वे किया करते।

बीच में और बैठक के अन्त में वे लोग मेरे 'स्टूडियो' से गुज़रते और मैं छिपा होता था 'डॉन' अख़बार की प्रतियों के बीच जो उस कमरे का आधा हिस्सा घेरे हुए थी।

बिनावर मेरे जीवन में पहला व्यक्ति था जिसने मेरे दो चित्र ख़रीदे।

वकील और प्रसिद्ध संसद सदस्य, जो वह था, कभी-भी ग़रीब यहूदियों को, जो अपनी पत्नियों के साथ आते थे पसन्द नहीं करता, दूल्हा और संगीतकार मेरे कैनवास के ऊपर।

एक दिन जब मैं चित्र बनाने में लगा हुआ था, वह दौड़ता हुआ मेरे सम्पादकीय स्टूडियो में आया और कहने लगा-'जल्दी। अपने सबसे अच्छे चित्र उठाकर मेरे घर आ जाओ। एक संग्राहक ने तुम्हारे चित्र मेरे घर में देखे : और उसकी बहुत रुचि है उसमें।"

बिनावर का मेरे कमरे में इस तरह आना, इस उत्तेजना और घबराहट में मैं अपने अच्छे चित्र ढूँढ़ नहीं पाया।

एक बार, पासोबर में बिनावर ने मुझे अपने घर खाने के लिए आमन्त्रित किया।

जलती हुई मोमबत्तियों का प्रतिबिम्ब बिनावर के गहरे पीले रंग के साथ घुलती हुई उनकी सुगन्ध, कमरे में चमक फैला रही थी।

उसकी पत्नी, मुस्कुराते हुए निर्देश देती हुई ऐसी दिखायी पड़ती थी जैसे अभी-अभी बैरोनीज द्वारा चित्रित फ्रस्को में से बाहर निकली हो।

सन्त एलीजा के आने की प्रत्याशा में मेज़ चमक रही है।

बाद में बिनावर कई बार मेरे घर आता और मुस्कुराते हुए पूछता, "और क्या हाल है?"

मैं उसे अपने चित्र दिखाने की हिम्मत नहीं कर पाता इस डर से कि शायद वह पसन्द न करे। अक्सर वह कहा करता था कि कला

के मामले में वह बाहरी व्यक्ति है।

किन्तु मेरे लिए बाहरी व्यक्ति हमेशा आलोचक रहे हैं।

1910 में, मेरे दो चित्रों को पसन्द करने के बाद बिनावर ने मुझे हर महीने सब्सिडी देने का वादा किया जिसके कारण मैं पेरिस में रहने की अनुमति पा सका।

मैं तैयार था।

चार दिन बाद मैं पेरिस में था।

◀ Grandmother

बारह

पेरिस और मेरे गृह नगर की दूरियाँ ही इतनी अधिक थीं जो मुझे तत्काल वापस लौट जाने से बचाये हुए थी या कम से कम एक सप्ताह बाद या एक महीने बाद।

मैं भी किसी तरह का बहाना खोजता रहता, कुछ छुट्टियाँ मनाने अपने घर वापस जाने के लिए। इन सब हिचक को लूव्र ने दूर कर दिया। जब मैंने वेलोनीज कमरे को देखा और उन कमरों को भी जिसमें माने, डेलाक्राक्स, कूरबेट आदि के चित्र टँगे थे, अब मैं और कुछ नहीं चाहता था।

मेरे ख़याल में रूस एक काग़ज़ के गुब्बारे की तरह था जो पैराशूट से हवा में लटका हुआ है। नाशपाती जैसा टँगा हुआ यह गुब्बारा आने वाले वर्षों में ठण्डा होकर लुप्त हो गया।

इसी तरह रूसी चित्रकला भी मुझे दिखायी देती थी, या इसी तरह का कुछ।

निश्चित ही, हर वक्त मैं रूसी कला के बारे में सोचता था। उसके बारे में बोलने के लिए, मैंने इसी तरह की मुश्किलों और भ्रमित

भावनाओं को महसूस किया, खटास और विद्वेष से भरी हुई।

जैसे कि रूसी कला को पश्चिम के जागने का निश्चित इन्तज़ार करना था।

यदि रूसी चित्रकारों की नियति पश्चिम का शिष्य होने की थी, तो वह, मैंने सोचा, थोड़ा अविश्वसनीय शिष्य होंगे और उनके स्वभाव के कारण श्रेष्ठ रूसी यथार्थवादी चित्रकार कुरबेट के यथार्थवाद को हिला सकता था।

सबसे ज़्यादा प्रामाणिक रूसी प्रभाववाद, यदि आप उसकी तुलना मोने और पिसारों से करें, तो आपको उलझन में डाल देगा।

यहाँ लूव्र में, माने के चित्रों के सामने मिलिट और अन्य मैं समझ पाता हूँ कि क्यों नहीं मेरा सम्बन्ध रूस और रूसी चित्रकला से बन सका। क्यों मेरा सम्भाषण उनके लिए विदेशी था।

क्यों नहीं वे मेरा विश्वास करते। क्यों वहाँ के कलाकारों ने मेरी उपेक्षा की।

क्यों रूस में मैं सिर्फ़ पाँचवाँ पहिया था और क्यों जो भी मैं करता उन्हें सनक-भरा दिखायी देता और वे जो करते मुझे फालतू दिखाई देता। मगर क्यों?

मैं इससे ज़्यादा और बात नहीं कर सकता।

मैं रूस से प्रेम करता हूँ।

मैंने सोचा, पेरिस में मुझे सब कुछ मिल गया है। खासकर मेरी कला और मेरी कारीगरी से सम्बन्धित।

हर जगह मैं इसके प्रमाण देखता था। संग्रहालयों और सैलून में।

शायद पूर्व मेरी आत्मा से ग़ायब हो चुका था : या फिर कुत्ते द्वारा काटे जाने की मेरी स्मृति की अनुगूँज मेरे दिमाग़ में टकरा रही थी।

किन्तु यदि मैं कला के इन अर्थों को देख पा रहा था तो उसका एक कारण मेरा व्यवसाय ही नहीं था।

यह कुछ ऐसा था जैसे ईश्वर मेरे सामने खड़ा हो।

मैं और नहीं सोचना चाहता था डेविड के नवशास्त्रीयवाद पर, या इंग्रेस के, देलाक्रो के रोमाण्टिकवाद पर और पूर्व के रेखांकनों के पुनर्विन्यास पर, सेजाँ के अनुयायियों और क्यूबिज़्म पर।

मैंने सोचा कि हम अभी-भी सतह पर खेल रहे हैं, हम भयभीत हैं उसके जाल में फँस जाने से, उसके टुकड़े-टुकड़े हो जाने से या अपने पैरों के नीचे की ज़मीन को उलट-पुलट कर देने से।

मेरे वहाँ पहुँचने के एक दिन बाद, मैं 'सेलों दे इन्दिपेन्दाँ' गया।

मेरे साथ गये मेरे मित्र ने मुझे बताया कि एक दिन में पूरा सेलों देखना लगभग असम्भव है। उदाहरण के लिए वह हर बार थका हुआ बाहर निकला। अपने दिल में उसके लिए दयाभाव रखते हुए किन्तु अपने ख़ुद के ढँग से, मैंने देखना शुरू किया, मैं शुरुआत के सारे कमरों से जल्दी ही निकल आया जैसे कि मैं प्रचण्ड धारा के साथ दौड़ रहा हूँ और फिर मैं बीच के कमरों की तरफ़ गया।

और इस तरह मैंने अपनी शक्ति को बचाया।

मैं 1910 की फ्रेंच चित्रकला तक सीधे जा पहुँचा।

कोई अकादमी मुझे यह नहीं दे सकती थी जो वहाँ मैंने ख़ुद खोजा, पेरिस में, वहाँ के चित्रों की दूकानों में, वहाँ के संग्रहालयों में।

बाज़ारों से शुरुआत करते हुए जब मेरे पास पैसों की कमी थी, मैं सिर्फ़ एक ककड़ी ख़रीदता। काम करता हुआ एक व्यक्ति अपने नीले कपड़ों में, ईर्ष्यालु अनुयायी क़िस्म का, हर तरफ़ एक खास तरह की व्यवस्था महसूस हो रही थी, प्राञ्जलता। रूप का परिशुद्ध संवेदन, चित्रता से भरपूर चित्र, अज्ञात कुलशील चित्रकारों के चित्र।

मैं नहीं जानता कि कोई और भी इस नतीजे पर कभी पहुँचा हो कि 1914 तक की फ्रांसीसी चित्रकला दूसरी जगहों पर की जाने वाली चित्रकला से भिन्न है। मुझे ऐसा लगता है कि विदेशों में यह बहुत कम जाना जाता है। मेरे लिए, मैंने कभी-भी इस विषय पर सोचना बन्द नहीं किया।

यह प्राकृतिक अभिरूचि का प्रश्न नहीं है, ज़्यादा या कम महान, किसी व्यक्ति द्वारा या कुछ लोगों द्वारा।

दूसरी शक्तियाँ भी काम करती हैं, ऐन्द्रिक या मनोभौतिक। यह पूर्वनियोजित है, संगीत, चित्रकला, साहित्य या सोने के लिए।

एम्पासे द्यू माएन के स्टूडियो में कुछ समय रहने के बाद मैं एक दूसरे स्टूडियो में चला गया जिसका नाम था 'ला रूशे' (मधुमक्खी का छत्ता)।

यह नाम वहाँ पर उन कई सारे स्टूडियोज़ का था जो छोटे से बग़ीचे के इर्द-गिर्द बने हुए वहाँ के वागीरा कसाईखाने के नज़दीक थे। इन स्टूडियोज़ में हर देश के कलाकार बसते थे।

जबकि रूस में यही स्टूडियो शान्त प्रतिक्रियावादी थे : इटली से गानों की आवाज़ और गिटार के तार की झँकार सुनायी देती थी, और यहूदियों की तरफ़ से बहसें और तर्क सुनायी देते थे, मैं अपने स्टूडियो में घासलेट की चिमनी के सामने अकेला बैठा हूँ। चित्रों से भरा हुआ एक स्टूडियो, कैनवसों से, जो कि लगभग कैनवस नहीं थे, बल्कि वे मेरे मेज़पोश पर रखे जाने वाले नैपकिन्स थे, मेरी चादर थे, मेरे रात के फटे हुए कपड़े थे।

सुबह के दो या तीन बजे। आसमान नीला है। भोर फूट रही है। नीचे कहीं उस छोटे से रास्ते के पास वे मवेशियों को काट रहे हैं, गायें झुकती हैं और मैं उनका चित्र बनाता हूँ।

मैं रातों को देर से सोया करता था। कई हफ़्ते हो गये हैं स्टूडियो को साफ़ किये हुए। फ्रेम्स, अण्डों के छिलके, ख़ाली केन चारों तरफ़ बिखरे हुए हैं।

मेरी चिमनी जल रही है, और उसके साथ मैं भी।

वह जलती है उस वक़्त तक जबकि उसकी चमक सुबह की नीली रोशनी में न घुल जाय।

उस वक़्त तक, जब तक कि मैं अपनी दुछत्ती पर न चढ़ जाऊँ। मैं नीचे गली में जाकर कुछ गर्म डबलरोटी ले आ सकता था, किन्तु मैं बिस्तर पर जाता हूँ। बाद में सफ़ाई करने वाली औरत आती है : मैं निश्चित नहीं हूँ कि वह स्टूडियो साफ़ करने आयी है (क्या यह ज़रूरी है? कमसे कम मेरी टेबल को हाथ न लगाओ।) या वह आती है सिर्फ़ मेरे साथ कुछ समय बिताने के लिए।

सेल्फ पर, एल ग्रेको सेजाँ की प्रतिकृतियाँ रखी हुई हैं और पास ही हरिंग मछली के अवशेष हैं जिन्हें मैंने दो टुकड़ों में काटा था, पहले दिन के लिए, और पूँछ दूसरे दिन के लिए, खुदा का शुक्रिया, डबलरोटी के कुछ टुकड़े।

पर शायद सेण्ड्रार्स आएगा और मुझे दोपहर के भोजन के लिए ले जाएगा।

मेरे दोस्तों को स्टूडियो में आने से पहले, अक्सर इन्तज़ार करना पड़ता है। यह वह समय होता था जब मैं अपने कपड़े पहन रहा होता हूँ, क्योंकि मैंने नग्न रहकर काम किया था। सामान्यतया मैं कपड़े नहीं पसन्द करता था, मैं उन्हें पहनना ही नहीं चाहता था और मुझे कपड़े पहनकर तैयार होने में भी कोई रुचि नहीं थी।

कोई मेरे चित्र नहीं ख़रीदता।

मैं नहीं सोचता कि यह सम्भव है।

सिर्फ़ एक बार मिस्टर मालपेल ने मुझे पच्चीस फ्रेंक एक चित्र के लिए दिये थे। मैं सेलों में अपने चित्र दिखा रहा था—यदि वह नहीं बिका इस शर्त पर।

"किन्तु इन्तज़ार क्यों?"

मैं नहीं जानता कि अब क्या हो गया है : बीस साल बाद चित्र बिक रहे हैं। वे कभी कहते हैं कि एक असली फ्रेंच आदमी, गुस्ताव काक्वियाड, मेरे चित्र संग्रह करता है। मुझे उसके पास जाना चाहिए और धन्यवाद देना चाहिए।

और मैं, युद्ध की शाम, बिखरा हुआ हूँ। कम से कम मेरे चार सौ कैनवास फैले हुए हैं जर्मनी, हालैण्ड, पेरिस और थोड़ा-बहुत हर तरफ़। कोई बात नहीं कम से कम इनकी क़ीमत तो कुछ नहीं है, जिन लोगों के पास हैं यह उनकी चिन्ता होगी कि वे अपने घरों की दीवार पर उन्हें टाँगे।

एक बार पेरिस में, मैं डियोघिलेफ बैले देखने गया, बाक्स्ट और निजिंस्की से मिलने। अपने पूरे जीवन-भर, डियाघिलेफ कभी नहीं जान पाया कि वह मुझसे बात करे या नहीं और कैसे। मेरे लिए उसका बैले 'मीर इस्कुस्तवा' की तरह ही था जो कि, डियाघिलेफ द्वारा ही स्थापित किया गया था। सारी खोजें, संयोग से मिलने वाले और नयी प्रस्तुतियाँ इसमें से छनकर आती थीं, समाज तक पहुँचने के लिए उन्हें मसालेदार और परिष्कृत शैली में तैयार किया जाता था।

और मेरे लिए, मैं एक मज़दूर का बेटा, जो ड्राइंग रूम में, कुछ करना चाहता है, मैं गन्दी चमकती हुई फ़र्श पर काम करना बेहतर समझता हूँ।

जैसे ही मैंने स्टेज की ओर जाने वाला पीछे का दरवाज़ा खोला, बाक्स्ट को कुछ दूरी पर खड़े हुए देखा।

वह लाल बालों वाला मेरा हितैषी, सद्‌भाव के साथ अपनी गुलाबी मुस्कान बिखेरता हुआ बढ़ा।

निजिंस्की भागता हुआ आया, और मुझे कन्धों से पकड़ लिया। किन्तु अगले क्षण ही स्टेज की तरफ़ दौड़ता हुआ चला गया जहाँ कार्साविना उसका इन्तज़ार कर रही थी : वे लोग 'स्पेक्टर ऑफ़ द रोज़' खेल रहे थे।

बाक्स्ट ने पिता तुल्य हाव-भाव के साथ उसे रोका। "बाजिया, ठहरो, यहाँ आओ", और उसका चौड़ा स्कार्फ ठीक से जमाते हुए कहा।

पास ही दानुन्जियो, छोटा, अपनी पतली मूँछों के साथ इदा रोबेस्टाइन के साथ हल्की छेड़खानी कर रहा था। "तो तुम यहाँ आ ही गये?" बाक्स्ट ने अचानक मुझसे कहा।

मुझे संकोच हुआ। हालाँकि उसने मुझे पेरिस न जाने की सलाह दी थी, और यह चेतावनी भी कि मैं वहाँ भूखे मरने का जोख़िम उठाने न जाऊँ और कम से कम उसके पास न पहुँचूँ।

उस वक्त वह पीटसबर्ग में ही था और मुझे सौ फ्रैंक्स इस आशा में दिये कि मैं उसके सहायक के रूप में काम करूँ। किन्तु जब उसने यह देखा कि मैं सीनरी बनाने में कितना औघड़ हूँ, उसने मुझे फेंक दिया।

उसकी चेतावनी के बावजूद भी मैं पीटसबर्ग छोड़कर अब यहाँ उसके सामने खड़ा हूँ। मैं उससे बात करने में हिचक रहा हूँ। मैं जानता हूँ कि बाक्स्ट भी मुझसे बात करने में अत्यधिक आशंकित है। फिर भी मैं, मैं उसे ठेस नहीं पहुँचाना चाहता हूँ। किन्तु फिर भी। क्या मुझे रूस में रुक जाना चाहिए था?

वहाँ पीछे, एक छोटे लड़के की तरह, हर क़दम पर मैं महसूस करता 'या लोग मुझे यह महसूस कराते' कि मैं एक यहूदी हूँ।

जब मुझे युवा चित्रकारों के समूह के साथ भाग लेना होता था, वे मेरे चित्र 'जैसे कि वह सब राजी हों' उन्हें सबसे दूर, अँधेरे कोने में टाँगते थे।

जब, बाक्स्ट की सलाह पर मैंने अपने कुछ कैनवास मीर इस्कुस्तवा प्रदर्शनी के लिए भेजे, वे चुपचाप किसी एक सदस्य के घर में छोड़ दिये गये, जबकि लगभग हर रूसी चित्रकार, वह किसी भी कद का हो, उस संस्था का सदस्य बनने के लिए आमन्त्रित था।

उसकी प्रसिद्धि, रूसी मौसम के बाद विदेशों में मेरा सर चकरा देती है, मुझे नहीं पता क्यों।

"मुझे अपने अभ्यास दिखाओ।" उसने मुझसे कहा।

"मैं...ओह, ठीक है।"...अब वापसी का कोई रास्ता नहीं है और न ही संकोच की कोई जगह। यदि पन्नी के यहाँ जाना मेरी माँ के लिए महत्वपूर्ण था तो अब बाक्स्ट के यहाँ पहुँचना मेरे लिए बहुत ही महत्वपूर्ण है, उसका मत (चाहे कुछ भी हो) निर्णायक है।

मैं सिर्फ़ एक चीज़ चाहता हूँ कि कोई ग़लती न हो।

क्या वह सोचगा कि मुझमें प्रतिभा है? हाँ या नहीं?

एक के बाद एक वह मेरे रेखांकन देखता हुआ बोला, शब्दों का शाही उच्चारण।

"हाँ...आ...आ...। प्रतिभा तो है, किन्तु तुमने उसे ख़राब कर लिया है, तुम ग़लत रास्ते पर हो...ख़राब।"

बहुत हुआ। हे भगवान : मैं? कलाओं के संरक्षण वाले स्कूल में छात्रवृत्ति प्राप्त करने वाला एक छात्र, वह जिसका निदेशक उदार ढँग से अपनी मुस्कुराहटें चमकाता था, वह छात्र जिसकी शैली (भाड़ में जाय) की प्रशंसा होती थी, किन्तु वह जो लगातार ख़ुद पर सन्देह करता रहा और कभी-भी अपने काम से सन्तुष्ट नहीं हुआ।

हालाँकि बाक्स्ट की आवाज़, उसके शब्द-"बर्बाद, किन्तु पूरी तरह नहीं"—ने मुझे बचा लिया।

यदि वह शब्द किसी और ने कहे होते, तो मैं उस पर ध्यान नहीं देता, किन्तु बाक्स्ट का अधिकार मेरे लिए महत्त्व रखता था जिसे मैं ख़ारिज भी कर सकता हूँ। मैंने उसे सुना, खड़े-खड़े, गहराई तक झुका हुआ। हर शब्द पर भरोसा करते हुए संकोच से भरा मैं अपने रेखांकन और कैनवास रोल कर रहा था।

बाक्स्ट के साथ यह मुलाक़ात मैं कभी नहीं भूल सकता।

ढोंग करने का क्या अर्थ है? उसकी कला में कुछ ऐसा था जो मेरे लिए हमेशा पराया रहा।

इसमें ग़लती शायद उसकी नहीं थी, ग़लती थी 'मीर इस्कोस्तवा' कला संस्था की जिसका कि वह सदस्य था और जहाँ शैली, सौन्दर्यशास्त्र, और हर तरह के दुनियावी आचार-व्यवहार को कोसा जाता था, उस सोसायटी के लिए समकालीन कला के क्रान्तिकारी-सेजाँ, माने, मोने, मातीस और अन्य, सिर्फ़ गुज़रते हुए फ़ैशन के पहलदार थे।

क्या यह सब उस वक़्त के सबसे प्रसिद्ध रूसी आलोचक, स्टेसॉफ, जो भ्रमित था और अपनी राष्ट्रीय और जातिगत भविष्यवाणियों में जो उस वक़्त बहुत फैशन में थी, उस वक़्त के कई समकालीन कलाकारों को पथभ्रष्ट कर रहा था? मैं, उस वक़्त यह भी नहीं जानता था कि दुनिया में पेरिस भी है, बाक्स्ट के स्कूल में पाया जाता था। उन दिनों के यूरोप का एक लघु रूप।

बाक्स्ट के छात्र, सभी कुछ कम या ज़्यादा योग्य, कम से कम यह तो जानते थे कि वे कहाँ जा रहे हैं। और मैं ज़्यादा से ज़्यादा इस बात का कायल होता जा रहा था कि अब तक जो मैंने सीखा है उसे भूल जाना चाहिए।

मैंने काम शुरू कर दिया। एक मॉडल बैठा है। बड़े गुलाबी पाँव, नीली पृष्ठभूमि।

स्टूडियो में, दूसरे छात्रों के साथ, काउण्टेस टॉलस्टाय, और प्रसिद्ध नृत्यकारा निजिंस्की।

मैं फिर से भयभीत था।

मैंने सुना था कि निजिंस्की काफ़ी प्रसिद्ध हैं और उसे उसकी निर्लज्ज पोशाकों के कारण इम्पीरियल थियेटर से निकाल दिया गया था।

उसका ईजल मेरे पास होता था। वह बेढँगे रेखांकन करता था, एक बच्चे की तरह।

जब बाक्स्ट उसके पास आता, वह मुस्कुराता और निजिंस्की के कन्धों को थपथपाता।

निजिंस्की मुझे भी देखकर मुस्कुराता, जैसे कि वह मेरे अन्दर एक निर्भीकता पैदा करना चाहता है और जिसका मुझे ज्ञान न था। इस बात ने हम दोनों को काफ़ी नज़दीक ला दिया था।

अभ्यास ख़त्म हो चुका है। बाक्स्ट शुक्रवार के दिन समालोचना करता।

वह सप्ताह में सिर्फ़ एक दिन आता था। उस वक़्त सारे छात्र काम बन्द कर देते। सभी ईजल एक लाइन में लगा दिये जाते। हम लोग उसका इन्तज़ार कर रहे हैं और वह आ चुका है।

वह एक से दूसरे कैनवास पर जाता है, बग़ैर यह जाने कि कौन सा किसका कैनवास है। उस वक़्त तक नहीं जब वह यह पूछता : "किसका है यह?" वह बहुत थोड़ा कहता 'एक या दो शब्द' किन्तु सम्मोहन के कारण, डर और यूरोप की साँसें बाक़ी सब कर जातीं।

वह मेरी तरफ़ आ रहा है। मैं खो गया हूँ। वह मुझसे बात करता है : या दूसरे शब्दों में वह मेरे अभ्यास के बारे में बात करता है जैसे कि वह नहीं जानता (या नहीं जानने का अभिनय करते हुए) कि यह मेरा है। वह कुछ सामान्य शब्द मुझसे कहता जैसे कोई सौहार्द्रवश बात करता है।

सारे छात्र मेरी तरफ़ दयाभाव से देख रहे हैं।

"किसका रेखाचित्र है यह?" अन्त में वह पूछता है।

"मेरा।"

"मैंने भी यही सोचा। निश्चित ही" उसने जोड़ा।

मेरे उन सारे अँधेरे-भरे कमरों, अपने सारे कोनों की स्मृति मुझे एक पल में हो आयी, किन्तु कभी-भी मैं इतना नाख़ुश नहीं था जैसे कि उस वक्त बाक्स्ट के उस कथन के बाद हुआ।

मैंने महसूस किया कि इस तरह बहुत ज़्यादा दूर नहीं जाया जा सकता।

मैंने एक दूसरा अभ्यास किया। शुक्रवार। बाक्स्ट आया। कोई प्रशंसा नहीं।

मैं स्टूडियो में बाहर निकल आया। तीन महीनों के लिए, आलिया बर्सेन, जो मेरे प्रति सहृदय था, मेरी कक्षाओं के लिए फीस चुकाता रहा, जबकि मैं अनुपस्थित था।

यह मेरे सम्हालने से ज़्यादा था। सच यह है, मैं सीखने में अक्षम था। या मुझे पढ़ाना असम्भव है। अपने एलीमेण्ट्री स्कूल के दिनों का एक बुरा छात्र बिना किसी बेहतर कारण के। मैं कुछ भी प्रेरणा के बग़ैर ग्रहण करने में असमर्थ था। तुम समझे? और अकादेमिक सिद्धान्त मुझे पकड़ ही नहीं पाते थे।

संक्षेप में मेरे लिए स्कूल जाने का मतलब ज़्यादा सूचनाएँ ग्रहण करना और अधिक संवाद करना होता बजाय सही निर्देश प्राप्त करने के।

बाक्स्ट स्कूल में मेरे पहले दो अभ्यासों के साथ हुए अन्याय के कारण - मैं उनमें विफल होने का कारण नहीं समझ पाया - मैं एक-दूसरे अनुशासन में अपने आप को ढालने लगा और यह प्रयत्न करने लगा कि मेरे अन्दर छुपी बाधा को दूर कर सकूँ।

अगले तीन महीनों तक मैं वापस स्कूल नहीं गया, मैंने यह तय कर लिया था कि पलायन नहीं करना है किन्तु गुरु का अनुमोदन उन सब खास विद्यार्थियों के सामने जीतना है।

मैंने जो अब तक सीखा था वह सब भूलकर एक नया रेखाचित्र बनाया।

आने वाले शुक्रवार को बाक्स्ट द्वारा परखा गया और, सम्मान के तौर पर स्टूडियो की दीवार पर मेरा चित्र टाँगा गया।

सभी आत्माएँ भयभीत हैं, पृथ्वी के हर कोनों में रहने वाले दोपाये की आत्मा।

सिर्फ़ एक सच्चा दिल, जिसके स्वयं के तर्क और कारण हैं, मुक्त है।

वह आत्मा जो ख़ुद से उस स्तर पर पहुँच गयी है, जिसे मनुष्य साहित्य कहता है, तर्कातीत, परिशुद्ध।

मैं पुराने यथार्थवाद की बात नहीं कर रहा हूँ न ही प्रतीकवाद और स्वच्छन्दतावाद जिन्होंने बहुत कम ही योगदान दिया है : न ही

मिथकों की और न ही किसी प्रकार की फंतासी, मगर फिर किसकी, हे भगवान?

तुम कह सकते हो, ये स्कूल सिर्फ़ औपचारिक जाल है।

प्रागैतिहासिक कला पहले से ही तकनीकी शुद्धता हासिल किये हुए है जिसके लिए आजकल की पीढ़ी संघर्ष कर रही है, हस्त लाघव और शैलियों के जाल में फँस रही है।

इस तरह के औपचारिक बन्धनों की मैं रोम के पोप के साथ तुलना करता हूँ जो व्यय सम्बन्धी नियमों में फँसा हुआ है, तुलना करता हूँ उस नग्न ईसा मसीह से, या उस आलंकारिक गिरिजाघर से, खुले खेत में प्रार्थना करने की।

अपोलेनेयर बैठ गया। वह अपनी छाती फुलाकर मुस्कुराते हुए धीमे से फुसफुसाया : ''आदि दैविक।...''

दूसरे दिन मुझे एक खत प्राप्त हुआ, एक कविता मुझे समर्पित : ''रोत्सोज...''

बारिश को पीटने जैसे तुम्हारे शब्दों का अर्थ हम लोगों से टकराता था।

निश्चित ही आज तुम सपने जलरंगों के देखते हो, चित्रकला की नयी सतह को देखते हो, कवियों की उजड़ती नियति के, हम लोगों के जिनकी समय गुज़रने पर तुम बात करते हो।

क्या वह जा चुका है, क्या वह दूर कहीं धुँधला हो चुका है, या अभी-भी हमारे साथ है, अपनी तेज़स्वी मुस्कान मृत चेहरे पर लिये।

क्या मैं प्लास द ला कोंकार्ड या लग्ज़मबर्ग बग़ीचों के नज़दीक गुज़ारे गये अपने दिनों को छोड़ रहा हूँ?

मैं दाँते और वातो को देखता हूँ, मैं पत्तियाँ खींचता हूँ।

ओह, यदि नात्रदोम के पत्थरों पर पैर फैलाये असंगत कल्पना करता हूँ कि मैं अपने हाथ और पैर फैलाये बड़ी तत्परता से अपना रास्ता आसमान में खोज पा रहा हूँ।

वहाँ है यह! पेरिस, तुम मेरे लिए दूसरे वितेबस्क हो!

और मैंने सोचा : यह निश्चित ही मेरे यहूदी होने के कारण है और मेरा कोई देश नहीं है।

पेरिस! कोई शब्द मुझे इससे ज़्यादा मीठा नहीं लगता!

और यदि सच कहूँ तो उस वक्त मुझे कोई फ़र्क़ नहीं पड़ता यदि बाक्स्ट मुझसे मिलने आये या नहीं।

किन्तु उसने ख़ुद ही मुझे विदा करते वक्त कहा, ''लौटते वक्त मैं तुम्हारे घर रुकूँगा, यह देखने के लिए कि तुम क्या कर रहे हो।''

एक दिन वह आया।

"अब", उसने कहा, "तुम्हारे रंग गा रहे हैं।"

प्रोफ़ेसर बाक्स्ट के अपने भूतपूर्व शिष्य को कहे गये ये आख़िरी शब्द थे।

जो भी उसने देखा उससे वह सन्तुष्ट था कि मैं अपने घटों को छोड़कर यहाँ आया हूँ, यहाँ 'ला रूशे' में, पेरिस में, फ्रांस में, यूरोप में एक आदमी हूँ।

कला की खोज में एक से ज़्यादा बार मैं लाफिते गली में भटका। हज़ारों रेनुआँ, पिसारो, मोने और द्यूराँ-रुएल्स को देखता हुआ। मैं खासकर वोलार्ड की दूकानों की तरफ़ खिंचा चला जाता था। किन्तु कभी अन्दर घुसने की हिम्मत नहीं हुई।

अँधेरे में, धूल से भरी दूकानों की खिड़कियों में, कुछ नहीं दिखायी देता सिवाय पुराने अख़बारों और माइलोल की एक मूर्ति के अलावा, जैसे कि वह ग़लती से यहाँ भटक रही हो। उत्सुकतापूर्वक खोजती सेजाँ के चित्रों को।

वे दीवार पर पीछे टँगे हैं, बिना फ्रेम के। मैं शीशे से चिपक जाता हूँ, अपनी नाक को पिचकाते हुए और अचानक सीधे वोलार्ड के सामने जा पहुँचता हूँ।

वह दूकान के बीचों-बीच ओवर कोट पहने, अकेला बैठा है।

मैं अन्दर जाने में हिचकिचाता हूँ। वह बुरे स्वभाव का व्यक्ति दिख रहा है। मेरी हिम्मत नहीं पड़ती। किन्तु बर्न हेम की प्लास दे ला मेदेलेइन में दूकानों की खिड़कियाँ जमगमा रही है जैसे वहाँ शादी हो।

वहाँ पर वानगॉग, गोगा, मातीस हैं।

चारों तरफ़ देखो, अन्दर आओ और जाओ, जैसा तुम्हें अच्छा लगे।

यह मैं, सप्ताह में एक या दो बार किया करता था।

किन्तु लूव्र में, मैं सबसे ज़्यादा घर जैसा महसूस करता।

दोस्त बहुत पहले ग़ायब हो चुके हैं। उनकी प्रार्थनाएँ अब मेरी हैं। उनके कैनवास मेरे बचकाने चेहरे में चमक भरते जाते हैं।

रेम्ब्राँ ने एक से ज़्यादा बार मुझे पकड़ा। मैं चारदें, फूकेट, गैरीबाल्ट के चित्रों के आगे भी रुका करता था।

"ला रूशे" के एक दोस्त ने कुछ चित्र बनाये और वह उन्हें बाज़ार में बेचने के लिए ले गया।

एक दिन मैंने उससे कहा :

"शायद मैं भी बाज़ार में कुछ चित्र बेच सकूँ।"

उसने बग़ीचे में टहल रही एक औरत का चित्र बनाया, जिसमें क्रोशिये का काम था। यह मेरी शैली नहीं है, किन्तु एक दृश्य कोरोट की तरह का क्यों नहीं?

मैंने एक छायाचित्र उठाया और जितना ज़्यादा उसे कोरोट के दृश्य चित्र की तरह बनाने की कोशिश करता उतना ही मैं कोरोट की दुनिया से दूर चला जा रहा था। अन्त में वह शागाल की तरह का चित्र बना।

मेरे दोस्त मेरा मज़ाक उड़ाते थे। आप मेरे आश्चर्य का अन्दाज़ा लगा सकते हैं जब मैंने उस चित्र को एक संग्राहक के ड्राइंग रूम में पाया।

श्री कानूडो का एक पत्र लिये, जिसमें उन्होंने मेरी प्रशंसा कुछ अधिक ही कर दी थी, मैं मिस्टर ड्यूसेत के पास गया, अपने क़रीब पचास जलरंग चित्रों के साथ। मुझे हल्की-सी आशा थी कि शायद इनमें से वे कुछ चित्र ख़रीद लें।

उनके कमरे में लगभग पौन घण्टे इन्तज़ार करने के बाद, उनका नौकर बाहर आया और मेरा पोर्टफोलियो मुझे वापस थमा दिया।

अपने मालिक की तरफ़ से उसने कहा-"हमें अपने समय का 'सर्वश्रेष्ठ रंग करने वाला' नहीं चाहिए।"

कानूडो का दूसरा अनुमोदन पत्र एक सिनेमा प्रोड्यूसर के लिए था, यह ज़्यादा सफल रहा।

वे लोग एक फ़िल्म बना रहे थे जिसमें बहुत सारे चित्रकारों को दिखाया जाने वाला था। इनमें से एक मैं भी था। हम लोग एक प्रोफ़ेसर के स्टूडियो में काम कर रहे थे। मुझे याद नहीं है कि प्रोफ़ेसर या उनके किसी शिष्य को मॉडल के साथ प्रेम करना था, या शायद किसी ग्राहक के साथ।

स्टूडियो के बाद का सीन एक छत पर था जहाँ से तालाब का क़िनारा दिखायी दे रहा है। छत पर एक बड़ी टेबल भोजन से भरी रखी है, हम सभी चित्रकारों को उस टेबल के चारों तरफ़ बैठकर जोश से खाना खाना था, जब वे यह दृश्य फ़िल्मा रहे थे मैंने जितना सम्भव था खा लिया।

इसके बाद उन्होंने बतलाया, जो कि बहुत बुरा था, अब हम सब लोगों को एक नाव चलाना है, एक स्त्री के साथ।

मेरे साथ की स्त्री कुछ ज़्यादा ही उबाऊ थी और उसका चेहरा भी फ़ोटोजेनिक नहीं था। चूँकि मैं आदमी था, मुझे ही नाव चलानी थी और मुझे हल्का-सा भी अन्दाज़ नहीं था कि नाव कैसे चलायी जाती है।

हमारी नाव किनारे से बहुत दूर थी। फ़ोटोग्राफ़र मेरी तरफ़ देखकर चिल्ला रहा है : "चलाओ, भगवान के लिए, चलाओ।" अत्यन्त बुरा था, मैं इस काम के लिए ठीक नहीं हूँ।

वह जवान स्त्री उन्मत्त हो रही थी। निश्चित ही जब मैं कैशियर की खिड़की पर कास्ट्यूम बगल में दबाये, अपना भुगतान लेने पहुँचा, उस दिन के लिए मुझे कुछ फ्रांक मिले।

मुझे खेद है कि यह फ़िल्म मैं कभी न देख सका।

बाद में किसी ने बताया कि उसने मुझे स्क्रीन पर देखा है।

उन दिनों एकल प्रदर्शनी बहुत कम हुआ करती थी : मातीस और बोनार्ड ही एकमात्र चित्रकार थे जिनकी एकल प्रदर्शनियाँ लगती थीं। यह विचार हमारे मन में कभी आता भी न था।

मैं लगातार स्टूडियोज़ और अकादमियों के चक्कर लगाया करता था और साथ ही साथ मैं सेलों में प्रदर्शनी की तैयारी भी कर रहा था। किन्तु कैसे मैं अपने विशिष्ट कैनवासेस को 'ला रूशे' से ले जा सकूँगा, पेरिस के उस पार?

एक अच्छे दिल वाले शरणार्थी ने यह जिम्मा उठाने की स्वीकृति दी। हँसी के कुछ क्षणों के बदले में।

रास्ते में मेरा ठेला उन दूसरे ठेलों से टकराता है जो दूसरों के चित्रों को सेलों तक ले जा रहे थे। सब की दिशा एक ही है, प्लस द्य लालमा के नज़दीक बने लकड़ी के कोठे।

जल्दी ही मैंने वहाँ यह जान लिया कि मेरे चित्रों में वह क्या विशिष्ट है जो पारम्परिक फ्रेंच चित्रकला में नहीं है।

और अन्त में चित्र टँग चुके हैं। अगले एक घण्टे में वारनिश की जा चुकेगी। किन्तु सेंसर मेरे चित्रों के ऊपर से गुज़रता है और आदेश देता है कि उनमें से एक हटा लिया जाय 'द एस एण्ड वूमन।'

मैंने और मेरे दोस्त ने समझाने की कोशिश की :

"महाशय, यह वह सब नहीं है जो आप सोच रहे हैं। इसमें अश्लीलता अभीष्ट नहीं है।"

और वह मान गया। दीवार पर चित्र वापस टाँगा गया।

जब मैंने अपने उत्पीड़न की शिकायत की तो सेलों में ही एक डाक्टर की पत्नी, जिसके पास मैं कभी-कभी बातचीत और सान्त्वना के लिए जाया करता था, ने कहा :

"यह सब ठीक है। तुम्हारे साथ यही हो सकता था। या फिर इस तरह के चित्र न बनाया करो।"

मैं सिर्फ़ बीस साल का था, किन्तु मुझे लोगों से भय लगने लगा।

फिर मेरे जीवन में कवि रूबीनर आया, सेण्ड्रा आया, उसकी आँखों की चमक काफ़ी थी मुझे सान्त्वना देने के लिए। बहुत बार वह मुझे सलाह दिया करता था, मेरी बहुत चिन्ता करता था, किन्तु मैं उसकी बात कभी नहीं सुनता था, हालाँकि वह सही कहा करता था।

उसने मुझे राजी कर लिया इस बात के लिए कि मैं उन अहंकारी क्यूबिस्टों के साथ-साथ शान्ति से काम करता रहूँ, जिनके लिए शायद

मैं कुछ भी नहीं था।

वे मुझे चिन्तित नहीं करते थे। मैं अपनी आँख के कोने से उन्हें देखता और सोचा करता :

"उन्हें खा लेने दो अपनी चौकोर नाशपातियाँ तिकोनी मेज़ों पर।"

निःसन्देह ही मेरी शुरुआत के चित्र फ्रांसीसी चित्रकला के लिए विचित्र थे और मैं उन्हें बहुत प्रेम से देखा करता था। यह त्रासदायी है।

किन्तु मेरी कला, मैंने सोचा, शायद जंगली कला है, एक कौंधती बिजली, एक नीली रूह मेरे कैनवासों पर जगमगा रही है।

और मैंने सोचा : यथार्थवाद मिटा दो, प्रभाववाद और यथार्थवादी क्यूबिज़्म।

वे मुझे दुखी करते हैं। और इससे मुझे ऐंठन होती है।

सारे प्रश्न-आकार के, परिप्रेक्ष्य के, सेजाँ, अफ्रीकी मूर्तिकला के-सब बहस में हैं।

हम लोग कहाँ जा रहे हैं? यह कौन-सा समय है जहाँ तकनीकी कला के लिए हायमन गाये जा रहे हैं, जो कि ईश्वर को औपचारिक बना रही है?

शायद हमारी बेवकूफ़ी का स्वागत किया जाय।

एक प्रायश्चित्तिक स्नान। मूल सिद्धान्तों की क्रान्ति, सिर्फ़ सतह पर नहीं।

मुझे तुनकमिज़ाज न कहें! उल्टे मैं बहुत यथार्थवादी हूँ। मैं धरती से प्रेम करता हूँ।

मैं दो टुकड़ों में बँट चुका था। एक मेरे गृह नगर का आँगन और दूसरा यहाँ मैं, फ्रांसीसी कवियों और चित्रकारों के समूह और सेलों के बीच।

यहीं कानूडो हैं, काली बकरा दाढ़ी, जलती हुई आँखें।

हर शुक्रवार आप उनके घर ग्लेजेस, मेट्ज़िंगर, ला फ्रेसनाथ, लेगर, रेनाल, वेलेण्टाइन डीसेण्डप्वाइण्ट आदि से मिल सकते हैं, जो अपने युवा प्रशंसकों के साथ वहाँ आते : सेगुन्जाक, "ला पैलेट" अकादेमी का अध्यापक, जहाँ मैंने कुछ दिन काम किया था। लहोते, ल्यूक एलबर्ट मोरो और बहुत सारे, बहुत से लोग। यहाँ बड़ा गर्म और ख़ुशनुमा माहौल रहता था।

खासकर डेलाने बहुत सक्रिय था। मेरे लिए वह एक पहेली था। सेलों में, मैं उसके कैनवासों के विशाल आकार से प्रभावित था। वह बहुत दूर से अपने कैनवास ख़ुशी-ख़ुशी सेलों लाता, अपनी आँख मिचकाते हुए जैसे कहना चाहता हो : "ठीक, कहो क्या कहते हो?"

कानूडो मुझसे बहुत गर्मजोशी से मिला करता था और मैं उसे कभी नहीं भूल सकता। वह मुझे यहाँ-वहाँ ले जाता, और एक रात,

अपने ड्राइंग रूम में उसने मेरे रेखांकनों की एक प्रदर्शनी भी लगायी। फैला दिया उन्हें मेज़ों पर, कुर्सियों पर, सारे घर में।

एक बार काफ़ी हाउस में उसने मुझसे कहा :

"तुम्हारा चेहरा देखकर मुझे ईसा की याद आती है।" साथ ही अपने हाथ में पकड़ा अख़बार फ़र्श पर फेंक दिया :

"भाड़ में जाय! इसमें मेरे बारे में कुछ भी नहीं छपा है।"

तुम्हारे साथ मैं माण्टजोई की गहराइयों में कूद पड़ता हूँ। जैसे कि एक प्रभामण्डल तुम्हारे चारों ओर चमक रहा है। जैसे कि सफ़ेद समुद्री मछली की उड़ान, या बर्फ़ पर सफ़ेद निशान, एक अकेली पँक्ति आसमान की ओर उठती हुई।

एक ओर रोशनी साफ़ और चमकदार, ब्लेज़, मेरा दोस्त सेण्ड्रा।

एक बसन्ती धुआँ, अलग-अलग रंगों के मोजे पहने, धूप की तरंगें, अभाव और कविता।

रंगों के धागे। द्रव्य के, जलती हुई कला।

चित्रों की कल्पना के लिए उत्साह बहुत कम था। सिर, बिखरे हुए अंग, उड़ती हुई गायें।

मैं यह सब याद करता हूँ, और तुम्हें, सेण्ड्रा?

वह पहला व्यक्ति था जो मुझे ला रूसे में मिलने आया।

उसने अपनी कविताएँ मुझे पढ़कर सुनायी। खिड़की के बाहर और मेरी आँखों में देखते हुए : वह मेरे चित्रों को देखकर मुस्कुराया और हम दोनों ने ठहाके लगाये।

वहाँ आन्द्रे सेलमाँ भी था। मगर अब कहाँ है?

मैं उसका नाम सुनता हूँ। उसका फीका चेहरा चमकता है। मैंने अभी-अभी उससे हाथ मिलाया है।

यहाँ मैक्स जेकब है। वह यहूदी की तरह दिखता है।

और इसी तरह उसने मुझे देखा अपोलेनेयर के साथ।

एक दिन हम दोनों ला रूशे के पास ही लंच लेने गये।

मुझे विश्वास नहीं था कि उसकी जेब में चालीस पैसे भी होंगे। और वह, क्या उसने सोचा कि मेरे खाने के पैसे चुकाने के लिए पैसे होंगे?

हम लोगों ने 'स' से शुरू होने वाली चीज़ें सलाद, सॉस, साल्ट आदि सभी खाया।

बाद में हम लोग मोमात्र में उसके घर, धीरे-धीरे पहाड़ी चढ़ते हुए गये। उसके पास बहुत समय था और शायद उससे ज़्यादा मेरे पास।

और अन्त में उसके घर, उसके आँगन, उसके गहरे छोटे छेद, उसके घर के दरवाज़े के पास ही एक बितेवस्क आँगन था। घर में घुसते ही, गलियारे में कुछ छोटे चित्र टँगे थे।

हमने क्या बातें कीं? और किस भाषा में?

मैं बहुत थोड़ा समझा। और सच कहूँ तो मैं बहुत उत्तेजित था। उसकी आँखें लगातार चमक रही थीं और वह इधर-उधर देख रहा था। उसने अँगड़ाई ली, बेचैनी से यहाँ-वहाँ घूमता रहा। अचानक वह चुप हो गया। अपना अधखुला मुँह घुमाते हुए, उसने सीटी बजायी। फिर वह हँसा और उसकी आँखें, उसके गाल, उसकी बाँहों ने मुझे बुलाया, मोहित कर लिया।

मैंने ख़ुद से कहा :

"यदि मैं इसके साथ रहा, वह मुझे समूचा निगल जाएगा और मेरी हड्डियाँ खिड़की से बाहर फेंक देगा।"

यहाँ अपोलोनेयर की अटारी पर अपोलोनेयर।

अपनी कविताओं में, अंकों में, उड़ते हुए शब्दों में, वह हम सबके लिए एक धधकती हुई पगडण्डी बनाता जाता था।

वह अपने सोने के कमरे के कोने से निकलता है और उसके चौड़े चेहरे पर एक मुस्कान धीमे-धीमे फैलती जाती। उसकी नुकीली नाक और उसकी सम्भ्रान्त, रहस्यमयी विषयासक्त आँखें। वह अपना पेट समूचे चित्रों की तरह उठाये घूमता था और उसकी टाँगें हाथों की तरह चलती थीं।

उसकी दुछत्ती पर अक्सर बहसें हुआ करती थीं।

एक कोने पर एक अनजान आदमी बैठा है। अपोलोनेयर उसके पास जाता है और उसे जगाते हुए कहता है :

"तुम्हें पता है हमें क्या करना चाहिए, वाल्डन महाशय? हमें इस युवा चित्रकार की प्रदर्शनी लगानी चाहिए। तुम नहीं जानते इन्हें...शागाल...।"

एक दिन मैं और अपोलेनेयर मोपार्नासे के बाटी रेस्तराँ में खाना खाने साथ जा रहे थे। रास्ते में वह अचानक रुक गया :

"देखो देगास। वह गली पार कर रहा है। वह अन्धा है।"

अकेला, अप्रसन्न, सम्भला हुआ देगास लम्बे डग भरता अपनी बेंत पर झुका चला जा रहा था।

जब हम लोग खा रहे थे मैंने अपोलोनेयर से पूछा कि वह मुझे पिकासो से क्यों नहीं मिलाता?

"पिकासो? क्या तुम आत्महत्या करना चाहते हो? इसी तरह उसके दोस्तों का अन्त होता है।" हमेशा की तरह मुस्कुराते हुए अपोलोनेयर ने जवाब दिया।

क्या भूख है इस व्यक्ति की, मैंने सोचा। मैं उसे खाते हुए देख रहा था।

शायद उसे अपने दिमाग़ को भरने के लिए बहुत खाना पड़ता है।

शायद तुम प्रतिभा खा सकते हो। खाओ, और इसके ऊपर पियो, और शायद बाक़ी सब ख़ुद-ब-ख़ुद चला आएगा।

शराब उसके गिलास में बजती है, माँस उसके दाँतों के बीच खड़खड़ाता है। और इस दौरान लगातार वह दायें-बायें से गुज़रने वाले लोगों का स्वागत कर रहा है। हर तरफ़ पहचान।

ओह! ओह! ओह! हा! हा! हा!

और बीच के जरा से विश्राम में, वह अपना गिलास ख़ाली कर देता है, बड़े से नेपकिन में मुँह पोंछता है।

खाना पूरा हो चुका है। अपने होठों पर जबान घुमाते हुए हम लोग वापस 'ला रूशे' चल पड़े हैं।

"तुम यहाँ कभी नहीं आये?"

"यह वह जगह है जहाँ बोहेमियन्स, इटेलियन और यहूदी रहते हैं : यहाँ कुछ जवान लड़कियाँ भी रहती हैं। शायद हमें काफ़ी हाउस के कोने में सेण्ड्रा भी मिल जाय।"

"हम उसे चकित कर देंगे। वह अपना मुँह दो अण्डों के बराबर खोल लेगा और अपनी जेबों में हाथ डालेगा, हाल ही में लिखी कविताओं की पंक्तियाँ निकालने के लिए।"

मैं अपोलोनेयर को अपने चित्र दिखाने की हिम्मत नहीं कर पाता हूँ।

"मैं जानता हूँ तुम बाक़ायदा क्यूबिज़्म के संवाहक हो। किन्तु मुझे कुछ और पसन्द है।"

और क्या? मुझे संकोच होता है।

हम नीचे अँधेरे कारीडोर से गुज़रते हैं जहाँ पानी टपक रहा है। कचरे का ढेर लगा हुआ है।

एक गोल घुमावदार चक्कर : दर्जनों या उससे भी ज़्यादा दरवाज़े जिन पर नम्बर लिखे हुए हैं।

मैं अपना दरवाज़ा खोलता हूँ।

अपोलोनेयर सावधानी से प्रवेश करता है। जैसे कि वह चिन्तित हो कि अचानक पूरा मकान भरभराकर गिर पड़ेगा और उसे खण्डहरों में खींच ले जाएगा।

व्यक्तिगत रूप से मैं नहीं सोचता कि कला के लिए वैज्ञानिक चेतना अच्छी है।

प्रभाववाद और क्यूबिज़्म मेरे लिए पराये हैं।

मुझे लगता है कि सबसे पहले कला आत्मा की अवस्था है।

सारी आत्माएँ भयभीत हैं, पृथ्वी के हर कोनों में रहने वाले दोपाये की आत्मा।

मैं कई बार कहता हूँ : मैं चित्रकार नहीं हूँ। ठीक है फिर, एक गाय, उँह?

इससे क्या फ़र्क़ पड़ता है? मैंने तो यह भी सोचा था कि अपने विजिटिंग कार्ड पर ख़ुद का चित्र छपा लूँ।

स्पष्टतया उन दिनों, यह गाय ही थी जो दुनिया की राजनीति को प्रभावित कर रही थी।

क्यूबिज़्म ने उसका कीमा बना दिया था, प्रभाववाद ने उसे मरोड़ दिया।

और अचानक पूर्व में वे विलक्षणकारी भौतिकवादी हो गये।

अपनी आँखों से मैंने दरेन और जुआन ग्रिस के चित्र देखे और कई अन्य चित्रकारों के, कानवेलर गैलरी की दरारों और झुर्रियों में। रंग लगातार नीचे गिर रहा है।

ऐसा लगता है उस तूफ़ानी झंझावात के पहले तत्व लेकर मैं ही सबसे पहले बर्लिन पहुँचा जब मैं अपनी प्रदर्शनी देखने गया।

डर स्टर्म आलोचना पत्रिका के सम्पादकीय कक्ष के दो छोटे से कमरों में मेरे कैनवास, बिना फ्रेम के, पास-पास टँगे थे : सैकड़ों मेरे जलरंग चित्र टेबल पर फैले हुए थे।

पोत्सदामर्सत्रास में जब मेरे चित्र फैल रहे थे, पास में, बन्दूकें भरी जा रही थीं।

क्या हम सहायता कर सकते हैं यदि हम दुनिया को चित्रों और चित्रकला सम्बन्धी उपकरणों के रास्ते जाने, भारी और थरथराती हानिकारक गैसों की तरह?

यूरोप युद्ध में झोंका जा रहा था। पिकासो का क्यूबिज़्म क्लान्त हो चुका है।

सर्बिया की चिन्ता कौन करता है, काट डालो उन सारे नंगे पैर किसानों को।

रूस में आग लगा दो और उसके साथ हम सबको...

जब मैं बर्लिन में था मुझे यह अहसास नहीं था, एक महीना होने के पहले, वह मूर्खतापूर्ण हास्य शुरू हो जाएगा जिसके परिणामस्वरूप पूरी दुनिया (और मैं शागाल उसके साथ) एक नयी स्थिति में परिवर्तित हो जाएँगे जिसके ऊपर भारी मात्रा में पैदावार शुरू की जाएगी।

किसी बयान ने मुझे पूरी तरह चिन्तित नहीं किया, रूस से दूर रहने के लिए।

मैं वहाँ तीन महीनों के लिए जाना चाहता था : मैं व्यग्र था अपनी बहन की शादी में मौजूद होने के लिए, बेला को फिर से देखने के लिए।

वह चौथा और आख़िरी फ्रेम लगभग निरर्थक हो चुका था, उन चार सालों के दौरान जब मैं विदेश में था। पेरिस में अपने आख़िरी दिनों में, जो कुछ भी मेरे पास बचा था वह था ख़तों का ज़ख़ीरा। एक साल और फिर हम दोनों के बीच शायद सब कुछ समाप्त हो जाएगा।

बर्लिन में बहुत थोड़े से दिन रहने के बाद मैं रूस चल पड़ा।

और विलना के पास पहुँचने के पहले ही मैंने अपने घर में बैठी उस फ्रांसीसी औरत से कहा,

"ठीक है यह रूस है! ज़रा देखो इसे!" उस वक़्त जब कुली मेरा सामान रखकर लुप्त हो रहा था।

जार के दिमाग़ में ओडिसा जाना भरा हुआ था और वह प्रतिनिधियों को विलना स्टेशन पर मिल रहा था। वहाँ से बाहर निकलना असम्भव था।

मुझे याद है कैसे उन लोगों ने हमें अगवा किया। स्कूल के छात्रों की तरह पास के शहर में जार का स्वागत करने के लिए, जो कि वितेबस्क शहर आया हुआ था उन तमाम रेजीमेण्ट से मिलने जो उस वक़्त मोर्चे पर जा रहे थे (रूस और जापानी युद्ध)।

हमें भोर के बहुत पहले निकलना था।

रास्ते में लड़कों के झुण्ड, उत्तेजना और नींद से भरे हुए मिले, और बर्फ़ से भरे खेतों में कतारबद्ध दूर तक वे खड़े थे। हम लोगों को मुख्य सड़क के किनारे तक ले जाया गया।

और बर्फ़ में धँसे पैरों को लिये हम लोग एक के बाद दूसरे घण्टे तक इन्तज़ार करते रहे, उस शाही क़ाफ़िले के पहुँचने का।

हत्या के प्रयास से भयभीत अधिकारियों ने ट्रेन को बीच में रोक लिया था।

और अन्त में दूर क्षितिज पर जार दिखायी दिया, बहुत फीका, धुँधला और अपनी व्यक्तिगत पोशाक पहने।

हम सब लोग उसे नज़दीक से देखना चाहते थे, किन्तु हमें भेड़ों की तरह हाँका जा रहा था, और वहाँ पर हिलना भी असम्भव था।

अचानक एक छोटा-सा आदमी स्कूली लड़कों के झुण्ड से बाहर निकल आया, अपने सिर के ऊपर एक तख़्ती पकड़े वह जार की तरफ़ बढ़ने लगा।

कुछ ही क्षणों में निकोलस, राजकुमारी, मन्त्रियों, सैनिक अफ़सरों, अपनी चमकती पोशाकों के बादलों में छुप गया। असाधारण रूप से लम्बे, तगड़े, सफ़ेद बालों वाले या गंजे, सीनों पर तमगे टाँगे, कठोर या मुस्कुराते हुए, वे सब जार के पीछे घोड़ों पर या पैदल चल रहे थे।

हल्की बर्फ़ गिर रही थी। नज़दीक और दूर से हज़ारों सैनिकों के, उत्साह में चीख़ने की आवाज़ें आ रहीं थीं। जमी हुई बर्फ़ ने राष्ट्रगान

सोख लिया था, बीच-बीच में विषादपूर्ण ध्वनियाँ सुनायी देती थीं। मिलिट्री बैण्ड लगातार अलग-अलग जगहों पर बजाया जा रहा था।

बर्फ़ से ढँका हुआ जार, सेना के प्रमुख की तरफ़ बढ़ते हुए हल्के सलाम कर रहा था।

एक के बाद दूसरी रेजीमेण्ट उसके सामने से कवायद करती हुई, गुज़रती हुई, मोर्चे की ओर बढ़ती जा रही थी।

"किन्तु इस मृतप्राय शहर में हम फँसे हैं, यहाँ स्टेशन पर", मैंने अपने सहयात्री से कहा।

"बेचारा, खासकर तुम।"

"चिन्ता मत करो, जारकोये के घर जाने के लिए मैं तुम्हें गाड़ी में बिठा दूँगा। उस सीनेटर के घर जहाँ तुम गवर्नेस का काम करोगी।"

क्या यह पहले का ही रूस है?

मैं मुश्किल से इन सबके बारे में जानता हूँ।

क्या यह मैंने पहले कभी देखा भी है? नोवगोरोद कहाँ है। रोस्तोव और कवि?

वे सब कहाँ हैं?

मैंने तो सिर्फ़ पेत्रोगोद, मास्को, छोटा-सा गाँव लियोज्नो और वितेबस्क देखा है। वितेबस्क की तरह संसार में कोई और जगह नहीं है : एक अजीब शहर, एक अभागा शहर, एक उदास शहर।

एक शहर जवान लड़कियों से भरा हुआ, जिनके पास समय की कमी या अपनी प्रवृत्ति के कारण मैं नहीं जा पाया। दर्जनों, सैकड़ों इबादतग़ाह, कसाईघर, गलियों में लोग।

क्या यह रूस है?

यह सिर्फ़ मेरा शहर है, मेरा, जिसे मैं खोजता हूँ।

मैं उसके पास भावावेश में आया हूँ।

उन दिनों मैंने वितेबस्क 1914 चित्रों की एक शृंखला बनायी थी। जो कुछ भी मैंने देखा उसे चित्रित किया। मैंने चित्रित किया अपनी खिड़की को। मैं कभी-भी सड़कों पर अपने रंगों का डिब्बा लिये नहीं घूमा।

मैं सन्तुष्ट था घर की बागड़ से, एक संकेत चिह्न से, फ़र्श से, एक कुर्सी से।

कल्पना करो आप समोवर के सामने रखी एक मेज़ पर बैठे हो, एक विनम्र बूढ़ा अपनी कुर्सी की पीठ पर टिकता है।

मैं प्रश्नवाचक दृष्टि से उसे देखता हूँ, "तुम कौन हो?"

"क्या तुम मुझे नहीं जानते? तुमने कभी स्लोज़्क के उस धर्मोपदेशक का नाम नहीं सुना?"

फिर सुना : "इस स्थिति में, कृपया मेरे घर आओ। मैं बनाऊँगा..." अब मैं क्या कहता!...उसे कैसे समझाऊँ? मैं भयभीत हूँ और वह उठकर चला जाता है।

वह आया, कुर्सी पर बैठा और सो गया।

क्या तुमने देखा है हरे रंग में चित्रित वह बूढ़ा जिसे मैंने बनाया था? यह वही है।

एक दूसरा आदमी हमारे घर के सामने से गुज़रता है, बाल कुछ सफ़ेद, रूखा मिज़ाज। कन्धों पर एक थैला...मुझे आश्चर्य है : क्या वह अपना मुँह खोल सकता है, भीख भी माँगने के लिए?

निश्चित ही वह कुछ नहीं कहता। वह अन्दर आता और सतर्कता से दरवाज़े के पास रुक जाता। वहाँ वह लम्बे समय तक खड़ा रहता। और यदि तुम उसे कुछ दे देते हो तो वह चला जाता, जिस तरह वह आया था, बिना शब्द के।

"सुनो!" मैं उससे कहता हूँ, "क्या तुम थोड़ी देर आराम करना चाहते हो? बैठ जाओ। इसे पसन्द करते हो? क्या तुम्हें बुरा लगा? तुम थोड़ा आराम कर लो। मैं तुम्हें बीस कोपेक दूँगा। बस मेरे पिता के प्रार्थना के कपड़े पहनकर यहाँ बैठ जाओ।"

तुमने मेरा वह चित्र देखा होगा जिसमें एक बूढ़ा आदमी प्रार्थना कर रहा है? यही है वह।

यहाँ शान्ति में काम करना बहुत अच्छा लगता है। कभी कोई आदमी मेरे लिए बैठता जिसका चेहरा बहुत बूढ़ा और करुण है। साथ ही फ़रिश्ताई भी। किन्तु आधे घण्टे से ज़्यादा मैं सहन नहीं कर सका...उससे बहुत बदबू आ रही थी।

"बस इतना ही महाशय, अब आप जा सकते हैं।"

तुमने देखा है मेरा वह चित्र, बूढ़ा पढ़ते हुए? यही है वह।

मैं लगातार चित्र बना रहा था और चित्र बना रहा हूँ, हालाँकि थोड़ा-बहुत मैं विरोध भी करता, किन्तु एक दिन मैंने अपने आप को, बरसती हुई रात में, शादी की पोशाक पहने हुए पाया। सबसे ज़्यादा विश्वसनीय पोशाक, जैसी मेरे चित्रों में है। मैं कर्मकाण्डों के अनुसार नवाज़ा गया, जो कि उचित था।

किन्तु एक लम्बी हास्यास्पद घटना इस समारोह का पीछा कर रही थी कुछ इस तरह।

मेरे माता-पिता मेरी...हाँ...हाँ मेरी पत्नी के परिवार के बहुसंख्यक सदस्य मेरे अतीत से प्रसन्न नहीं थे।

क्यों नहीं? मेरे पिता एक साधारण क्लर्क, मेरे नाना...

और वे लोग? ज़रा कल्पना कीजिए, वे शहर की तीन आभूषणों की दूकान के मालिक थे। उनके शो केस में रखे रहते रंग-बिरंगे नायाब कंगन, अँगूठियाँ, हार आदि। अलार्म घण्टे के बाजू में लगी घड़ियाँ हर घण्टे बजती रहतीं और यह मुझे विस्मयकारी लगता।

उनके घर में, सप्ताह में तीन बार, सेवफल, पनीर, अरण्य ककड़ी आदि का विशाल केक पकता था, जिसको शायद देखकर ही मैं बेहोश हो जाऊँ। सुबह के नाश्ते में इन केक के पहाड़ लोगों को परोसे जाते जिस पर वे लोग टूट पड़ते। जमा देने वाला उन्मादी पेटूपन। और हमारे घर, साधारण भोजन। चारदें के स्टिल लाइफ़ की तरह।

उसके पिता अंगूरों पर पले। जैसे मेरे पिता प्याज़ पर : और मुर्गा, जो हमारे घर साल में सिर्फ़ एक दिन, प्रायश्चित की शाम, पकाया जाता, उनके घर की मेज़ से कभी भी अनुपस्थित नहीं रहा। उसके दादा, पलित केशी, लम्बी दाढ़ी वाले व्यक्ति, घर भर में भटकते रहे, ढूँढ़ते रहते रूसी पुस्तकों को, रूसी पासपोर्ट को, और जो कुछ भी उन्हें मिलता उसे अलाव में झोंक देते, जला देते। वह एक क्षण भी यह सहन नहीं कर सकते थे कि उनका पोता रूसी विद्यालयों में जाये।

बेकार है, बेकार है। इन सब लोगों को राब्बी बन जाना चाहिए।

वे ख़ुद कुछ नहीं करते थे, दिन-भर प्रार्थनाएँ करते और प्रायश्चित की शाम, वे लगभग बेकाबू हो जाते।

किन्तु चपल होने के लिए वे अत्यधिक बूढ़े हैं।

महान राब्बी ने उसे अधिकार दिया है, उपवास के उन दिनों में होंठों को मुश्किल से भिगा पाती है।

इस बारे में बात करने के लिए मुझमें अब और शक्ति नहीं है। मेरा सर चकरा रहा है। मेरी पत्नी की माँ अपनी बेटी से कहती है :

मुझे ऐसा लगता है कि वह अपने गालों पर लाली लगाता है। कैसा पति साबित होगा यह, वह लड़का जो लड़कियों की तरह अपने गाल गुलाबी करता है? वह कभी नहीं जान पाएगा कि जीविका कैसे कमाई जा सकती है। ''किन्तु वे लोग क्या कर सकते हैं यदि वह इसी रूप में उसे पसन्द करती है।''

उसे समझा पाना असम्भव है।

''तुम उसके साथ भूखी मरोगी मेरी बेटी : भूखी मरने के लिए भी कुछ नहीं होगा।''

''और फिर, वह एक कलाकार है। इसका क्या अर्थ है?''

''और सब लोग क्या कहेंगे...?''

इस तरह मेरी पत्नी के परिवार वाले मेरे बारे में तर्क किया करते, सुबह-शाम, यह सब वह मेरे स्टूडियो में केक के साथ ले आती है जो उसके घर पकता, भुनी हुई मछली, उबला हुआ दूध, हर तरह की आलंकारिक सामग्री और कुछ बोर्ड्स भी जिन्हें मैं ईजल की तरह इस्तेमाल करता था।

मेरे पास सिर्फ़ बेडरूम की खिड़की थी खोलने के लिए, और नीली हवा, प्रेम और फूल उसके साथ भीतर चले आते।

समूची सफ़ेद या काली पोशाक में सजी वह, लगता था मेरे कैनवासों के बीच लम्बे समय तक तैर रही है, मेरी कला की दिशा निर्धारित करती।

मैंने कभी भी कोई चित्र या कोई एचिंग उससे बिना यह जाने 'हाँ' या 'नहीं', पूरा नहीं किया।

तो क्या मैं उसके माता-पिता की चिन्ता करता था, उसके भाइयों की! भगवान उनकी रक्षा करे!

बेचारे मेरे पिता।

"आओ, पापा।" मैंने उनसे कहा, "मेरी शादी में आओ।" वह, मेरी तरह, शायद बिस्तर में चले जाते।

क्या उच्च वर्ग के लोगों के साथ दोस्ती करना सार्थक है?

मैं अपनी मंगेतर के घर बहुत देर से पहुँचता हूँ और पाता हूँ कि वहाँ कई सम्भ्रान्त मौजूद हैं।

बहुत बुरा है। मैं वेरोनीज नहीं हूँ।

एक लम्बी टेबल के इर्द-गिर्द, एक महान राब्बी, एक सम्भ्रान्त वृद्ध पुरुष और एक चुहलबाज कारीगर, कुछ बहुत बड़े, प्रतिष्ठा दर्शाते बुर्जुआ, कई कृतज्ञ विनीत यहूदी, जो अन्दर से कुचले हुए थे, मेरे आने का इन्तज़ार कर रहे थे और...शादी के भोजन का! उनके लिए मेरे बग़ैर कोई शादी का भोजन नहीं था। मैं यह जानता था और मैं उनकी हिचकिचाहट पर प्रसन्न था।

यह मेरे जीवन की सबसे महत्त्वपूर्ण रात थी, कि शीघ्र ही मैं बिना संगीत के, बिना सितारों और बिना आसमान के, पीली दीवाल की पृष्ठभूमि में एक लाल रेशमी मण्डप के नीचे, शादी के बन्धन में बँध जाऊँगा-उन पेटुओं को इससे क्या मतलब!

और मैं, जैसे वह घड़ी नज़दीक आती जा रही थी, उस भीड़ के बीच पीला पड़ता जा रहा था।

बैठे हुए, खड़े हुए, माता-पिता, दोस्त, परिचित, नौकर, आ-जा रहे थे।

उनके लिए आँसुओं, मुस्कान के बीच खाना पहले से ही पक रहा था। यह सब उचित था। मेरी धनाढ्य मंगेतर के साथ।

वे सब मेरा इन्तज़ार कर रहे थे, और इन्तज़ार में वे गपशप कर रहे थे।

वे सब हिचकिचा रहे थे यह बताने में कि वह एक चित्रकार है।

साथ ही, ऐसा लगता है कि वह पहले से ही प्रसिद्ध है...और शायद अपने चित्रों के लिए पैसे भी पाता है। क्या तुम यह जानते हो?

"किन्तु यह कोई बात नहीं हुई, यह जीविका कमाने का ढँग नहीं है।" एक दूसरा फुसफुसाया।

"यह तुम क्या कह रहे हो? प्रसिद्धि और सम्मान के बारे में सोचो?"

"किन्तु इस सबके ऊपर, देखो उसके पिता कौन हैं?" एक तीसरा व्यक्ति जो जानना चाहता था।

"ओ! मैं जानता हूँ।" वे सब चुप हो जाते हैं।

मुझे ऐसा लगता कि उन लोगों ने मुझे कफ़न में लिटा दिया है, मेरी आकृति और ज़्यादा लचीली हो गयी है। कम सख़्त, उस मुखौटे से कम जो मेरी होने वाली पत्नी के नज़दीक बैठा है।

कितना दुख है मुझे इस बात का कि इन सब मूर्खताओं में मुझे उन अंगूर और फलों के पहाड़ से दूर रखा जा रहा है, उन असंख्य सुस्वाद व्यंजनों से, जो कि उस विशाल टेबल पर सजे हुए रखे हैं।

आधे घण्टे बाद (यह मैं क्या कह रहा हूँ? उससे भी पहले) उस पादरी ने जो जल्दी में था शुभकामनाएँ, शराब, और शायद श्राप हमारे सिरों के ऊपर बरसाये, उस लाल शामियाने के नीचे।

मुझे लगा कि मैं बेहोश हो जाऊँगा। मेरे चारों तरफ़ संसार चकरा रहा था।

अत्यन्त सम्वेदना के साथ, मैंने अपनी पत्नी का दुबला, हड्डियों से भरा हाथ दबाया। मैं उसके साथ भाग जाना चाहता था दूर कहीं कोने में, उसको अपनी बाँहों में भरने, जोर से हँसने के लिए। किन्तु शादी की मंगलकामनाओं के बाद मेरी पत्नी के भाई मुझे अपने घर ले गये और उनकी बहनें, मेरी पत्नी के साथ अपने घर में रही आयीं।

यह कर्मकाण्डों के पूरे होने की पराकाष्ठा थी।

अन्त में, हम यहाँ अकेले हैं। दूर गाँव में।

जंगल, चीड़ के वृक्ष, एकान्त। जंगल के पीछे चन्द्रमा। बाड़े में एक सुअर। खिड़की से झाँकता एक घोड़ा, खेत। आसमान बैंगनी है। यह सिर्फ़ एक हनीमून नहीं था, बल्कि इससे कुछ और दूधिया चाँद था।

हमसे कुछ ही दूर गायों का एक झुण्ड ठहरा हुआ था जो सेना का था। हर सुबह कुछ कोपेक के लिए सैनिक दूध बेचते थे। मेरी पत्नी, जो मुख्यतया केक पर पली-बढ़ी, मुझे दूध पीने के लिए देती है। परिणामस्वरूप, उस वसन्त में मैं मुश्किल से अपने कोट के बटन लगा पाता था। जैसे-जैसे दोपहर नज़दीक आती जाती, हमारा शयनकक्ष पेरिस के उस महान सेलों से मुत्तासिर होने लगता।

मैं उस चूहे का पीछा करता हूँ जो बड़े उत्साह से मेरे ईजल पर भटक रहा है। अन्त में मैं जीतता हूँ। यह देख मेरी पत्नी सोचती है : यह तो वाकई सक्षम है किसी को भी मार गिराने में।

किन्तु युद्ध की गड़गड़ाहट हमें घेर लेती है। और यूरोप मेरे लिए बन्द हो चुका है।

मैं अपनी जेबों में पेरिस जाने का अनुमति पत्र टटोलता हूँ और शीघ्रता से गवर्नर के पास शहर छोड़ने की आज्ञा लेने पहुँचता हूँ।

अत्यन्त दुख के साथ मैं बाहर आता हूँ। मेरे काग़ज़ात ज़ब्त कर लिये गये हैं।

मुझे महसूस हुआ जैसे मैं एक बड़ी दाढ़ी से ढँक गया हूँ या फर से या जैसे कि मैं सिर्फ़ नग्न हूँ।

मेरा पेरिस!

गवर्नर चित्रकला के बारे में क्या जानता है।

रेलगाड़ियाँ सैनिकों से भरी हुई हैं। चौड़े चेहरे, अपनी ऊँची गालों की हड्डियाँ, धूसर और धूल से भरी हुई।

वे सीढ़ियों से चिपके हुए हैं छतों पर ऊपर चढ़े और ठुँसे हुए हैं।

वे जा रहे हैं सेबेज की ओर, मोहिलेफ की ओर, वे मोर्चे के नज़दीक जा रहे हैं।

वे मुझे क्यों नहीं बुलाते?

मुझे अपनी बारी का इन्तज़ार करना होगा।

और मैं वहाँ जाकर क्या करूँगा।

खेतों की तरफ़ देखो, पेड़ों की तरफ़, बादलों की तरफ़, आदमी का ख़ून और अँतड़ियाँ।

प्रकट में मुझसे वे कुछ नहीं चाहते थे। मैं विश्वसनीय नहीं हूँ। मैं कुछ नहीं के लिए अच्छा हूँ। मेरी हड्डियों पर माँस भी नहीं है। रंग, हाँ, थोड़ा-सा गुलाबी रंग मेरे गालों पर, नीला मेरी आँखों में और यह सब सैनिक नहीं बनाता है।

सैनिक, मोजिक व्यापारी अपनी ऊनी टोपियों में, पैरों में लापटिस पहने मेरे सामने से गुज़रते हैं। वे खाते हैं, वे बदबू मारते हैं, उनसे मोर्चे की बू आती है, हरिंग मछली, तमाखू और जुओं की तीखी गन्ध।

मैं सुनता हूँ, मैं महसूस करता हूँ, लड़ाइयाँ, गोलीबारी, सैनिकों का खन्दकों में दफ़न किया जाना।

पहला बन्धक आ पहुँचा। वह एक बड़े खिलाड़ीनुमा शरीर का मालिक है, उसके चेहरों पर कुछ महीनों की दाढ़ी है। वह सूजा हुआ, चिड़चिड़ा और नींद से भरा है।

यदि यह युद्ध का समय नहीं होता, मैं उसे रोकता और पूछता वाल्डन के बारे में, मेरे चित्रों के बारे में जो जर्मनी में क़ैद है।

दूसरा घायल आदमी मेरी तरफ़ इस आशा से देखता है कि मैं उस तक पहुँचूँ। वह कमज़ोर हो चुका है। वह बूढ़ा और दुबला है। मेरे दाढ़ीवाले दादा की तरह।

◀ Grandfather

तेरह

मुझे क्या करना चाहिए? इस बीच मुझे कहीं बस जाना चाहिए।

शायद पेत्रोग्राद में।

सच कहूँ तो मैं वहाँ जाना नहीं चाहता। उस जगह जहाँ हमने गर्मियाँ गुज़ारी थीं, वहाँ एक महान राब्बी रहता है सिनीर शोन।

आसपास के गाँवों में रहने वाले उससे सलाह लेने आते थे। हर कोई अपनी समस्याओं के साथ। कोई अपनी सेनाओं की नौकरी से बाहर कैसे निकले यह सलाह लेने आता, दूसरे बच्चे न होने की दशा में उसकी मंगल कामना लेने आते। कुछ लोग तालमूड के रास्ते में चकित कर देने वाली घटनाओं के स्पष्टीकरण के लिए आते या वे सिर्फ़ उसे देखने आते हैं, उसे छूने। मैं कैसे जानूँ।

किन्तु निश्चित ही कोई भी कलाकार उसके पास आने वालों की सूची में शामिल नहीं है।

हे भगवान! किंकर्त्तव्यविमूढ़, किन्तु रहने की जगह चुनने से चूक जाने वाला मैं भी उस विद्वान पण्डित से सलाह लेने गया (मुझे याद है अपनी माँ के द्वारा गाया जाने वाला गीत जो वे अक्सर साबाथ की शामों में गाया करती थीं।)

क्या वह वास्तव में एक सन्त है? गर्मियों में वह गाँव के उस मकान में रहता था जो एक पुराने इबादतग़ाह की याद दिलाता है, एक तहख़ाने से घिरा हुआ, फूलों की क्यारियों से भरा जो कि उससे मिलने आने वालों के लिए थी।

मुलाक़ात के दिन उसका कमरा लोगों से भरा रहता।

वे एक-दूसरे को धकियाते, हिलाते उसके बीच आवाज़ें और गपशप करते बैठे रहते।

हालाँकि, अच्छी भेंट चढ़ाने के बाद आप उससे आसानी से मिल सकते हैं।

कुली ने मुझे यह समझा दिया था कि राब्बी साधारण मनुष्यों से बात नहीं करता है, मुझे वह सब लिखकर एक परचे में दे देना चाहिए।

कोई स्पष्टीकरण नहीं और अन्त में मेरी बारी आयी, दरवाज़ा खुला और मैं आदमियों की भीड़-भाड़ द्वारा धकेला गया। ख़ुद को पाता हूँ एक बड़े से हरे ड्राइंग रूम में, चौकोर, लगभग ख़ाली, शान्त।

दूर कोने में, एक लम्बी मेज़ के सामने, जिस पर बहुत से काग़ज़, प्रार्थना, निवेदन और पैसा रखा है। राब्बी अकेला बैठा है।

एक मोमबत्ती चमक रही है। वह काग़ज़ों को सरसरी निग़ाह से देख रहा है।

''तो तुम पेत्रोगार्द जाना चाहते हो मेरे बेटे! तुम्हें लगता है कि तुम वह पसन्द करोगे। तो ऐसा हो, मेरे बेटे, मैं तुम्हें आशीर्वाद देता हूँ। वहाँ जाओ।''

''किन्तु राब्बी!'' मैं कहता हूँ, ''मैं वितब्स्क में ठहरना चाहता हूँ। तुम जानते हो, मेरे माता-पिता और मेरी पत्नी के माता-पिता वहाँ रहते हैं...।''

''ठीक मेरे बेटे, यदि तुम वितबस्क चुनते हो, मैं तुम्हें आशीर्वाद देता हूँ, जाओ वहाँ।''

मैं उससे और लम्बी बातचीत करना चाहता था।

मेरी ज़बान पर कई प्रश्न जल रहे थे।

मैं उससे कला पर बातचीत करना चाहता था और खासकर मेरी चित्रकला पर। शायद वह मेरे अन्दर एक दैवीय शक्ति का प्रवेश करा दे। कौन जानता है!

और मैं पूछना चाहता था, जैसा कि बाइबिल में कहा गया है, कि इजरालियों को ईश्वर द्वारा चुना गया है। और इससे ऊपर जानना चाहता था कि वह ईसा मसीह के बारे में क्या सोचता है, जिसका फीका चेहरा मुझे लम्बे समय से प्रताड़ित कर रहा है।

पीछे देखे बग़ैर मैं दरवाज़े तक पहुँच गया और वहाँ से बाहर निकल गया।

मैं अपनी पत्नी की तरफ़ भागा। वह चाँदनी रात थी। कुत्ते भौंक रहे थे और वहाँ कुछ भी अच्छा नहीं था। इतना अच्छा...

हे भगवान। किस प्रकार के राब्बी हो तुम? राब्बी सिनीर शोन। उसके बाद से जो भी सलाह मुझे दी जाती मैं ठीक उसका उल्टा करता।

मैं शायद उस गाँव में रुक जाता और उस राब्बी को अन्धभक्त की तरह मानता भी, जो लुबाबिची के उपनगर में अपने मुख्यालय लौटने वाला था किन्तु युद्ध ने हस्तक्षेप किया और मेरा पाठ हुआ।

मुझे क्या करना चाहिए? मेरी पत्नी को बड़े शहर पसन्द हैं। उसे प्यार है संस्कृति से। वह ठीक है।

क्या उसने मेरे साथ बहुत सारी परेशानियाँ नहीं झेली हैं? मैं कभी भी यह नहीं समझ पाया कि क्यों भीड़ उसी जगह रहने चली आती है जहाँ पहले से कुछ लोग रहते हैं, जबकि शहर के बाहर दायें-बायें मीलों तक ज़मीन ख़ाली पड़ी है।

मैं एक खोह से भी सन्तुष्ट हो सकता हूँ। एक एकान्त कोना। और मैं वहाँ ख़ुश रहूँगा।

मैं इबादतग़ाह के एक कोने में बैठ सकता हूँ और वहाँ से देख सकता हूँ। सिर्फ़ इतना ही। या नदी के किनारे किसी बेंच पर या कहीं भी पैसा देकर। और मैं सिर्फ़ चित्र बनाऊँगा, मैं वह चित्र बनाऊँगा, जो शायद दुनिया को चमत्कृत कर दे।

नहीं।

एक ख़ूबसूरत शाम (हर शाम ख़ूबसूरत है), एक बरसती शाम, अपनी बारी आने पर मैं सैनिकों के साथ रेलगाड़ी में चढ़ता हूँ, सब सीट के लिए एक-दूसरे से लड़-झगड़ रहे हैं।

मुश्किलों तमाम के साथ मैं सीढ़ियों से चिपकने में सफल रहा। रेलगाड़ी चल पड़ी। मैं एक सैनिक, जो किसी दूसरे सैनिक से टिका खड़ा है, से चिपककर खड़ा रहता हूँ। रेल खिंचती चली जाती है।

कुछ जोकर, पीछे बैठे हुए, अपना शरीर फुलाये सलाह देते हैं :

"उसे (वे मेरे बारे में बात कर रहे थे) एक घूँसा मारो। बस इतना ही काफ़ी होगा।"

यदि कोई अपनी पीठ से धक्का देता है, सामान से लदी-फदी पीठ से तो मैं एक तीर की तरह अँधेरे और बर्फ़ से ढँके खेतों में जा गिरूँगा।

मैं ट्रेन के रपटे को जोर से पकड़ लेता हूँ, मेरे हाथ ठण्डे हो रहे हैं। मैं उड़ रहा हूँ, और ट्रेन मेरे साथ उड़ रही है।

मेरा कोट पैराशूट की तरह उड़ रहा है और अपने साथ ठण्डक ले आता है।

इस तरह मैं पेत्रोगार्द पहुँचा। किस काम का?

वहाँ मैं स्वर्ग जा पहुँचा। युद्ध ने मेरे लिए एक जगह सुरक्षित कर दी थी-एक मिलिट्री का दफ़्तर। यह वह जगह है जहाँ मैंने काग़ज़ भर दिये।

मेरा अधिकारी मुझ पर कड़ी नज़र रखता था। वह मेरी पत्नी का भाई है, वह हमेशा मेरी अक्षमता के लिए बुलाये जाने से घबराता था इसलिए मेरे ऊपर और भी कड़ी नज़र रखता।

वह मेरे पास आता और किसी खास सूचना के लिए पूछता। ओफ्! मैं कभी भी उसे सूचना नहीं दे पाया, वह टेबल पर रखे सारे काग़ज़ों को उलटता-पलटता और घबराहट में पूछता :

"ठीक है, किस तरक़ीब से तुमने इन्हें रखा है? तुमने यह क्या किया है? क्या यह सम्भव है, मार्क जाचरोविच, तुम जानते तक नहीं। तुम इतनी छोटी-सी बात...।"

जब मैं उसे इस मुद्रा में देखता गुस्से से लाल, आँखों से चिनगारियाँ निकलती हुईं, मैं उसके प्रति क्षमा भाव से भर जाता।

ख़ुद के लिए, मैं मुस्कुराता।

हालाँकि अन्त में वह मुझ पर सफलता पाने में और मेरे भीतर एक नयी प्रतिभा डालने में सफल रहा : उसके बाद से मैं जान गया हूँ कैसे रिकॉर्ड्स रखा जाता है, दोनों आने और जाने वाली सूचनाएँ। और मैंने कुछ रिपोर्ट्स भी तैयार की।

मेरे मिलिट्री दफ़्तर के मुक़ाबले मोर्चा मुझे चहलक़दमी की जगह लगता था, खुली हवा में व्यायाम करने जैसा।

शाम के वक्त मैं घर लौटता, दुखी।

मैं लगभग रो सकता था।

मैं अपने दुखों को अपनी पत्नी के सामने उड़ेलता। वह एकान्त में दुखी होती।

कुछ सन्ध्याओं को जब मैं कम से कम एक छोटा चित्र बना पाता, मैं ख़ुश रहता और उसके बारे में अपने दोस्त से बात करता, एक डॉक्टर-लेखक, बाल-माचशोवेस-एलजाचेफ।

उन दिनों उसकी दोस्ती मेरे लिए ख़ुशी का पर्याय थी।

हम लोग संग्राहक कागान शाबाशे के घर मिले थे, जहाँ कला पर उत्तेजक बहसें हुआ करती थी।

वह संग्राहक उन पहले आदमियों से था जिसने मेरे चित्र ख़रीदे, एक राष्ट्रीय संग्रहालय बनाने के उद्देश्य से।

रोज़ शाम हम लोग एलजाचेफ के साथ घूमने जाते : जैसे-जैसे हम लोग मास्को की तंग गलियों में भटकते वह अर्थपूर्ण चमकदार बातें करने लगता।

जब वह अचानक अँधेरे में मेरी तरफ़ मुड़ता उसके चश्में के काँच चमक उठते।

उसकी छोटी काली मूँछें उसकी तीखी भेदती हुई नज़रें मेरी आँखों को रोक लेती।

एक साथ सन्देह और उदारतापूर्वक, वह सुनता, बातें करता, बहस करता, अपनी बाँहें हिलाते और कुछ-कुछ निस्तेज़।

हम दोनों गहरे दोस्त बन गये थे।

और कभी, किसी विशेष मौक़े पर यदि मुझे उसके घर रात गुज़ारनी पड़ती तो, वह सुबह तक बातें करता, मेरे बिस्तर के नज़दीक जलती चिमनी के धीमे प्रकाश में। वह मुझसे लेखकों के बारे में बात करता, युद्ध, जीवन, कला, क्रान्ति, उसका भतीजा, लोगों के कमीसार और खासकर अपनी पत्नी के बारे में जो उसे छोड़ गयी थी।

वह उससे जवानी में मिला था। वह अत्यन्त रूपवती थी : काली आँखें, गेहुँआ रंग, लम्बी छरहरी और प्रतिमा की तरह शान्त।

न तो मेरे दोस्त का लेखन और न ही उसका प्यार उसे छू पाया। निरपेक्ष वह उसके उपहारों को एक ठण्डाई के साथ स्वीकार कर लेती। और एक ख़ूबसूरत दिन वह उसको छोड़कर चली गयी दूसरे आदमी के साथ।

''तुम समझे'' मेरे दोस्त ने मुझसे कहा। वह एक ऐसा आदमी चाहती थी जो उसे सन्तुष्ट कर सके। मेरी तरफ़ देखो : एक तरफ़ से लकवाग्रस्त और जब मैं बात करता हूँ मेरी लार बहती है।''

दोपहर में वह अपने मरीज़ों को देखता-और नसों में

वह लिखना शुरू करता।

एक से ज़्यादा बार, उन ठण्डे और भूख भरे सालों में, उसने अपना राशन हम लोगों के साथ बाँटा, घोड़े का माँस। हम लोग उसके रसोई घर में दावतें उड़ाते, उसका छोटा बेटा नज़दीक ही खेलता रहता। वह अपने बेटे को हर सम्भव अच्छे तरीक़े से बड़ा कर रहा था।

अपने काँपते हाथों में चाय का कप पकड़े, वह बात करता और करता चला जाता। उसकी ठण्डी हो चुकी चाय छलक जाती है। मैं अपनी चाय पी चुका हूँ और वह, अभी-अभी बात कर रहा है। अपना चश्मा ठीक करते हुए जो लगभग उसकी चाय में गिरने वाला होता, जो उसके हाथों में ठण्डी हो चुकी है।

अपने चित्र एक-दूसरे दोस्त को भी दिखाये, सिरकाइन।

उसकी आँखें इतनी कमज़ोर हो चुकी थी कि उसे दूरबीन के लेंस से देखना पड़ता था। जब तुम उससे मिल रहे हो, वह तुम पर गिर पड़ता है।

वह मेरे लिए खड़ा था सच्ची भक्ति के साथ।

आज तुम कहाँ हो?

◀ At the Easel

चौदह

जर्मन अपनी पहली विजय प्राप्त कर चुके थे। 46 लिटेनी प्रॉसपेक्ट मेरे मिलिट्री दफ़्तर के भीतर भी ज़हरीली गैसें मेरा दम घोंट रही थीं।

मेरे चित्र मलिन हो चुके थे।

एक अँधेरी शाम, मैं अकेले बाहर निकला। सुनसान गली थी। सड़क के पत्थर अलग से पहचाने जा सकते हैं। ऐसा लगता शहर के बीचों-बीच सामूहिक हत्याकाण्ड हुआ है।

गुण्डों का एक झुण्ड हरक़त में है।

मिलिट्री का कोट पहने, टूटी हुई स्कन्धिकाएँ और बटनों के साथ गुण्डों का यह समूह गलियों में घूम रहा था। मनोरंजन के लिए वे गुज़रने वाले को पुल से नदी में फेंक रहे थे। तुम गोलियाँ चलने की आवाज़ सुन सकते हो।

मैं सामूहिक हत्याकाण्ड को नज़दीक से देखना चाहता था।

मैं चुपचाप आगे बढ़ता जा रहा था। गली की रोशनी बन्द थी। मैं आतंकित था, खासकर कसाइयों की दूकानों के सामने। वहाँ तुम देख सकते हो बछड़ें, जो अभी भी ज़िन्दा हैं, कसाई की कुल्हाड़ी और चाकुओं के पीछे लेटे हुए। अपनी अन्तिम रात में बन्द कर दिये गये, वे कातरता से मिमियाँ रहे हैं।

अचानक गली के कोने से, चार या पाँच लुटेरों की गैंग सामने आती है, दाँतों तक शस्त्र से सजे हुए। जैसे ही उन्होंने मुझे देखा कोई चिल्लाया :

"यहूदी या नहीं"?

एक क्षण के लिए, मैं हिचकिचाया। एकदम अँधेरा था।

मेरी जेबें ख़ाली थीं, मेरी सम्वेदनशील उँगलियाँ, मेरे कमज़ोर पैर और वे लोग ख़ून के प्यासे। मेरी मृत्यु किसी काम की नहीं थी। मैं बहुत ज़्यादा जीना चाहता था।

"ठीक है भाग जाओ!" वे चिल्लाये।

हिचकिचाहट में एक क्षण भी गँवाये बग़ैर मैं शहर के बीच की तरफ़ भाग चला जहाँ सामूहिक हत्याकाण्ड शुरू हुआ था।

बन्दूक की गोलियों की आवाज़ें। पानी में गिरते शरीर।

मैं भागकर घर पहुँचता।

मैं प्रार्थना करता हूँ कि विल्हेल्म-वारसा, कोहनो आदि से सन्तुष्ट हो जाय, दिविंस्क मत आना। और उससे भी पहले, वितेबस्क को छूना नहीं। यह वह जगह है जहाँ मैं हूँ और अपने चित्र बना रहा हूँ।

किन्तु विलहेल्म भाग्यशाली था, रूसी बहुत बुरी तरह लड़ रहे थे। हालाँकि वह उन्माद में लड़े, किन्तु अपने दुश्मनों को बाहर नहीं खदेड़ सके। हमारे लोग सिर्फ़ आक्रमण करने में अच्छे हैं।

सेना की हार सेना प्रमुख महान ड्युक निकोलस निकोलोविच के लिए एक बहाना होती, यहूदियों पर आरोप लगाने की।

"इन सबको चौबीस घण्टे में बाहर निकाल फेंको। या उन्हें मार डालो। या दोनों एक साथ करो।"

सेनाएँ बढ़ रही थीं, और उनके बढ़ने के साथ-साथ यहूदी आबादी सामूहिक रूप से पीछे हटती जाती। शहरों और गाँवों को छोड़ती हुई।

मैं यह सब मेरे कैनवासों पर चित्रित करना चाहता हूँ, उन्हें किसी सुरक्षित जगह ले जाने के लिए।

भयभीत बँधे हुए हाथ आसमान की ओर उठे हुए हैं।

सैनिक मोर्चों से आगे बढ़ते जा रहे हैं। युद्ध हथियार, जोंक सब कुछ खन्दकों में छूट जाता है।

उन्माद में जकड़े सैनिक कार की खिड़कियाँ तोड़ते, रेलगाड़ियों को, जबर्दस्ती हथियाते, और हरिंग की तरह उसमें भरे हुए भाग रहे हैं शहर की तरफ़, राजधानी की तरफ़।

उनके मुँह में स्वतन्त्रता दहाड़ रही है। शपथें फूफकार रही हैं।

मैं भी नहीं थकता। अपना दफ़्तर ख़ाली कर देता हूँ, स्याही की दवात और सारे रिकॉर्ड्स, अलविदा।

मैं, मैं भी दूसरों के साथ, मोर्चा छोड़ देता हूँ।

स्वतन्त्रता! और युद्ध का अन्त।

स्वतन्त्रता सब के लिए।

फ़रवरी की क्रान्ति शुरू हो चुकी है। मेरा पहला अहसास इस बात का था कि अब मुझे पासपोर्ट अधिकारी के साथ फिर से विवाद में नहीं पड़ना होगा।

विद्रोह करने वाली पहली वालन्स्की रेजीमेण्ट थी।

मैं ज्यामेन्स्की चौराहे की तरफ़ भागता हूँ, वहाँ से लिटेनी की तरफ़, फिर नेब्स्की और वापस।

चारों तरफ़ बन्दूकें आग उगल रही हैं। बन्दूकें तनी हुई हैं। सेनाएँ तैनात खड़ी हैं।

''दूमा के लिए हुर्रे। वैकल्पिक सरकार ज़िन्दाबाद!''

सैनिकों ने लोगों को वोट दिया। घोड़ों और तोपों के साथ उन्होंने चुनावी अभियान शुरू कर दिया। और दूसरे दल, एक के बाद एक निष्ठा की क़समें खाते हुए। उनके पीछे अफ़सर और नाविक।

द्यूमा के सामने, प्रेसीडेण्ट रोद्जियांको दहाड़ रहे हैं :

''हमारे भाइयों, भूलना मत, दुश्मन अभी भी तुम्हारे दरवाज़े पर हैं! क़सम खाओ! निष्ठा की क़सम खाओ!''

''हम क़सम खाते हैं!'' हुर्रे!''

वे लोग कर्कश चिल्ला रहे थे।

कुछ पैदा होने वाला था।

मैं लगभग अर्द्धचेतन अवस्था में जी रहा था।

मैंने केरेन्स्की के बारे में कभी सुना नहीं था। वह अपने गौरव के शिखर पर था। छाती पर हाथ रखता नेपोलियन की तरह। वही भेदक दृष्टि भी, वह शाही बिस्तर में सोता है।

संवैधानिक प्रजातान्त्रिक मन्त्रालय के बाद उपप्रजातान्त्रिक मन्त्रालय का गठन हुआ और उसके बाद प्रजातान्त्रिक। वे सब मिल गये थे। शह और मात।

इसके बाद, जनरल कोर्नीलाफ ने रूस को बचाना चाहा। आक्रमणकारियों ने समूचे रेलवे तन्त्र पर आक्रमण किया।

"चलो, घर चलते हैं!"

यह जून था। क्रान्तिकारी सोशलिस्ट पार्टी उस वक्त पक्ष में थी। चेरनोफ ने सर्कस के थियेटर में अपना भाषण दिया। "विधानसभा का गठन करो, विधानसभा का गठन करो!" ज्यामिन्स्की चौराहे पर अलेक्ज़ेण्डर तृतीय की विशाल मूर्ति के सामने लोग फुसफुसा रहे हैं :

"लेनिन आ चुका है।"

"कौन है वह?"

"लेनिन जिनेवा से?"

"फिर वही"

"वह यहाँ है।"

"क्या यह सम्भव है?"

"वह भाड़ में जाय! उसको भगा दो! वैकल्पिक सरकार ज़िन्दाबाद! सारी शक्तियाँ विधानसभा को दो!"

"क्या यह सच है कि वह जर्मनी से बख़्तरबन्द रेलगाड़ी में आया है?"

मिखाइलोवस्की थियेटर पर सारे चित्रकार और रंगमञ्च के कलाकार इकट्ठा होते हैं। वे सब कलाओं का मन्त्रालय खोलना चाहते हैं। मैं भी वहाँ एक दर्शक की तरह मौजूद था।

अचानक युवा समूह द्वारा मन्त्रियों के लिए सुझाये गये नामों में मैं अपना नाम सुनता हूँ।

मैं पेत्रोग्राद छोड़कर वापस वितेबस्क आ जाता हूँ। मैं अभी भी मन्त्री बनने के बदले अपने शहर में रहना पसन्द करता हूँ।

जब उसने मुझे देखा कि मैं अपने चित्रों की तरफ़ से उदासीन हूँ, मेरी पत्नी रोने लगी। उसने मुझे चेतावनी दी कि अन्त बहुत बुरा हो सकता है।

यह सब था, जो कुछ घटा।

दुर्भाग्य से वह हमेशा सही है।

मैं कब उसकी सलाह मानना सीखूँगा?

◀ Wedding

पन्द्रह

रूस लगभग बर्फ़ से ढँक चुका है।

लेनिन ने सब कुछ उल्टा कर दिया जैसे मैं अपने चित्र को करता हूँ।

मादाम शेसिन्स्की जा चुकी थीं। लेनिन अपनी बाल्कनी से भाषण दे रहे हैं।

सब कोई वहाँ हैं। अक्षर आर.एस.एफ.एस.आर. पहले ही लाल होना शुरू हो चुका है।

कारखाने बन्द हो चुके थे।

क्षितिज खुला था।

जगह और ख़ालीपन।

डबलरोटी नहीं। हर सुबह पोस्टर के काले शीर्षक मुझे और बीमार कर देते।

तख्तापलट। लेनिन, सोवनारकोम का प्रेसीडेण्ट। ल्यूनाचार्स्की, नारकोमप्रोस का प्रेसीडेण्ट।

ट्राटस्की भी वहाँ है। जिनोवेफ भी। उरित्स्की, गठित विधानसभा के प्रवेश द्वार की रक्षा के लिए तैनात है।

वे सब वहाँ हैं और मैं...मैं यहाँ वितेबस्क में हूँ।

मैं कुछ दिनों तक भूखा रह सकता हूँ, मिल के किनारे बैठकर पुल को देखते हुए, और भिखारी, और दुर्भाग्यशाली, बोझ से लदे हुए।

मैं हमाम के सामने टँगा रहकर जाते हुए सैनिकों को देखता हूँ और उनकी पत्नियाँ जो अपने हाथों में डण्डा लिये है।

मैं नदी के किनारे भटक सकता हूँ, कब्रिस्तान के नज़दीक...।

मैं भूल सकता हूँ तुम्हें, ब्लादीमीर इलिच, और तुम लेनिन, और ट्राटस्की तुम्हें भी...।

और इस सबकी जगह, शान्ति से अपने चित्र बनाने की बजाय मैंने एक ललित कला संस्थान खोल लिया और उसका निदेशक बन बैठा, उसका अध्यक्ष, और उसका सब कुछ।

''क्या भाग्य!'' मेरी पत्नी ने सोचा।

''क्या पागलपन !''

नारकोम में ल्यूनाचार्स्की अपने क्रैमलिन के अपने दफ्तर में बैठा मुस्कुराहट के साथ मेरा स्वागत करता है।

युद्ध के तत्काल बाद मैं उससे एक बार पेरिस में मिल चुका हूँ। वह पत्रकार था। वह 'ला रूशे' के मेरे स्टूडियो में आया था।

चश्मा, एक छोटी बकरा दाढ़ी, और रोमन देवता-सा मुखौटा।

वह मेरे चित्र देखने आया था, अख़बार में उनपर एक लेख लिखना चाहता था।

मैंनें सुना था कि वह मार्क्सवादी है। किन्तु मार्क्स को लेकर मेरी जानकारी सिर्फ़ यहाँ तक सीमित है कि मार्क्स यहूदी था और उसकी एक लम्बी सफ़ेद दाढ़ी थी। अब, मैं यह अहसास करता हूँ, बिना सन्देह के, मेरी कला इस व्यक्ति का पक्ष नहीं प्राप्त कर सकेगी।

मैंने ल्यूनाचार्स्की से कहा :

''सबसे पहले, मुझसे यह मत पूछना कि मैंने नीला और हरा क्यों चित्रित किया है और क्यों गाय के पेट में बछड़ा दिखायी दे रहा है, आदि-आदि। फिर भी मार्क्स यदि वह बुद्धिमान है, तो उसे वापस जीवित होने दो तुम्हें समझाने के लिए।''

मैंने शीघ्रता से उसे अपने चित्र दिखलाये।

वह मुस्कुराते हुए चुपचाप कुछ लिखता रहा।

उसकी स्मृति कमज़ोर है इस मुलाक़ात की, मुझे यह अन्देशा था।

और अब वह दृढ़तापूर्वक मेरे इस नये कृत्य की पुष्टि कर रहा है।

अक्तूबर क्रान्ति की पहली वर्षगाँठ की शाम मैं वितेब्स्क लौट आता हूँ।

वर्षगाँठ समारोह मनाने के लिए मेरा कस्बा, दूसरे कस्बों की तरह, अपनी गलियों को विशाल पोस्टर्स से सजा रहा है।

हमारे कस्बे में कुछ ही चित्रकार थे।

मैंने उन सबको इकट्ठा किया, जवान और बूढ़े और कहा :

"सुनो! तुम और तुम्हारे बच्चे अब मेरे स्कूल के शिष्य होंगे।'

"अपनी दूकानें बन्द कर दो। सारे आदेश हमारे स्कूल में लिये जाएँगे और तुम लोगों के बीच वितरित किये जाएँगे।"

"यहाँ कुछ रेखाचित्र हैं। इनकी नक़ल बड़े कैनवासों पर करना है और जिस दिन कामगारों की परेड हमारे गाँव से गुज़रेगी, झण्डे और मशाल लिये हुए उस दिन के लिए, तुम्हें सारी दीवारों को इन कैनवासों से भर देना है।"

सारे चित्रकार बूढ़ी दाढ़ी वाले और नये सीखने वाले, मेरी गायों और मेरे घोड़ों की नक़ल करने लगे। और 25 अक्टूबर के दिन पूरे कस्बे में मेरे रंग-बिरंगे जानवर आगे-पीछे झूल रहे थे, क्रान्ति से फूले हुए।

कामगार गाते हुए आगे बढ़ रहे थे।

जब मैंने उनकी मुस्कान देखी मैं निश्चिन्त हुआ कि वे मुझे समझ सके।

क्यों गाय हरी है और क्यों घोड़े आसमान में उड़ रहे हैं? क्यों?

इनका मार्क्स और लेनिन से क्या सम्बन्ध?

युवा मूर्तिकारों के पास लोगों की भीड़ लगी थी, लेनिन और मार्क्स की आवक्ष मूर्तियाँ सीमेण्ट से बनवाने के लिए।

मुझे भय था कि वे वितेब्स्क शहर की बारिश में बह जाएँगे।

बेचारा शहर।

मेरे स्कूल के शिष्यों द्वारा बनायी गयी वे बचकानी मूर्तियाँ जब सार्वजनिक बग़ीचों में लगा दी गयी हैं, मैं झाड़ियों के पीछे छुपकर खींसें निपोरता था।

जहाँ कहीं भी मार्क्स। कहाँ है वह?

कहाँ है वह बेंच जिस पर मैंने एक बार तुम्हें चूमा था?

अपनी शर्म को छुपाने के लिए कहाँ मैं बैठ सकता हूँ।

एक मार्क्स काफ़ी नहीं था।

दूसरी गली में उन्होंने एक और बैठा दिया। यह पहले वाले से ज़्यादा भाग्यशाली नहीं था।

विशाल और भारी, कम सद्‌भावपूर्ण और डरा हुआ, टैक्सी स्टैण्ड के बीच लगा है जहाँ कोचवान खड़ा रहता।

मैं शर्मिन्दा हूँ। क्या यह मेरी ग़लती है?

रूसी कपड़ों में सजा, हाथ में चमड़े का बैग लिये, मैं निश्चित ही सोवियत अधिकारी लगता था।

सिर्फ़ मेरे लम्बे बाल और मेरे चित्रों से उड़ा कुछ गुलाबी रंग, मेरे गालों पर चित्रकार होने का धोखा देते थे।

मेरी आँखें प्रशासनिक अग्नि से जल रही हैं। मैं युवा लड़कों द्वारा घिरा हुआ था—वे शिष्य, जिन्हें मैं चौबीस घण्टे प्रतिभाशाली बनाने की तैयारी कर रहा था।

मैं अपने स्कूल के लिए इमदाद प्राप्त करने का कठिन परिश्रम कर रहा था; स्कूल की ज़रूरतें, कुछ पैसा जुगाड़ने, रंग और सामग्री प्राप्त करने के लिए। उन्हें सेना की नौकरी से निकालने के लिए मुझे श्रमसाध्य मेहनत करनी पड़ती।

मैं लगातार अपने पैरों पर खड़ा हूँ, यहाँ-वहाँ भागता हूँ। मेरी अनुपस्थिति में मेरी पत्नी मेरा स्थान ले लेती है।

मैं गोबीस्पोलकोम की बैठकों में भाग लिया करता, शहर से कुछ पैसा उग़ाहने के लिए।

जब मैं अपनी योजना समझा रहा था, सोवियत अध्यक्ष जान-बूझकर सो गया।

मेरा सम्भाषण ख़त्म होने तक वह नहीं उठा, और फिर उसने पूछा :

''तुम किसे ज़्यादा महत्त्वपूर्ण मानते हो, कामरेड शागाल, एक पुल की आपात्कालीन मरम्मत या तुम्हारे ललित कला संस्थान को पैसा देना?''

हर वक्त ल्यूनाचार्स्की की अनुशंसा काम आती, उसे धन्यवाद, मैं अपने अनुदान प्राप्त करता रहता, उसने आग्रह किया कि एक बार कम से कम मैं उसके अधिकारियों से मिल लूँ। यदि नहीं तो मुझे जेल भेज दिया जाएगा।

किन्तु मैं कभी-भी राजी नहीं हुआ।

समय-समय पर कमिसार मुझसे मिलने आते। मुझे यह याद दिलाने कि वही है जिनकी बदौलत मुझे दौलत प्राप्त हो रही है, वे ही बैठकों में मेज़ को अपने मुक्कों से हिलाते हैं। सार्वजनिक कार्यों के उस कमिसार को, उन्नीस साल का किशोर, मैं पीठ पर धौल जमा कर अपना मनोरंजन किया करता। हालाँकि वे कमिसार बोझिल होते, खासकर किसान, वे अपनी हार मान जाते और मैं आनन्द

से उनकी पीठ पर सवारी किया करता।

यह सब उस शहर में कला के सम्मान को बढ़ा जाता। हालाँकि इससे मेरी सास की गिरफ़्तारी नहीं रूक सकी, अन्य बुर्जुआ के साथ, सिर्फ़ इसलिए कि वे लोग अमीर थे।

कई प्रयास करने के बाद मैं अनुगृहीत था इसमें सफल होने के लिए, एक बार मैं मैक्सिम गोर्की के घर गया।

मैं नहीं जानता कि उसने मेरे बारे में क्या सोचा।

जैसे ही मैं उसके घर के भीतर घुसा, मैंने देखा कि दीवारों पर टँगे चित्र अपरिष्कृत रुचि के द्योतक थे। मैंने सोचा, मैं किसी ग़लत जगह चला आया हूँ।

वह बिस्तर में लेटा था और लगातार थूक रहा था, कभी अपने रूमाल में कभी उगालदान में।

कुछ आश्चर्य के साथ उसने मेरी सारी योजनाएँ मंजूर कर लीं, और कोई आपत्ति ज़ाहिर नहीं की : जैसे ही उसने मेरी तरफ़ देखा, मैं जान गया कि वह यह जानने की कोशिश कर रहा है कि मैं कहाँ से आया हूँ और मैं कौन हूँ।

और मैं यह भूल गया कि मैं किस काम के लिए यहाँ आया था।

मेरे लिए यह बहुत था कि एक व्यक्ति अपनी इच्छा ज़ाहिर करे, और उस पर दया दिखाते हुए, मैं तत्काल ही उसे आमन्त्रित करना चाहता था, मेरे स्कूल में प्रोफ़ेसर बनने के लिए। क्योंकि मैं चाहता था कि वहाँ पर सभी विधाओं का प्रतिनिधित्व हो।

एक आदमी जिसे मैंने निदेशक के रूप में नियुक्त किया था, अपना सारा समय परिवार को खाने की सामग्री भेजने में बिताता रहा। पोस्ट ऑफिस में और यहाँ तक कि कम्युनिस्ट समिति में भी वे लोग बातें करने लगे उस प्रोफ़ेसर के बारे में जिसे कामरेड शागाल ने आमन्त्रित किया है।

एक स्त्री, जिसे मैंने नौकरी दी, अपना मनोरंजन करती रहती दो कमिसारों को एक साथ चकमा देने में, अपनी इच्छा से उनके उपहार स्वीकार करती रही। जब इसकी ख़बर मुझ तक पहुँची, मैं आतंकित था।

"यह कैसे सम्भव है?" मैंने गुस्से में उससे पूछा, किन्तु अत्यन्त धूर्तता से उसने जवाब दिया :

"क्यों, कामरेड शागाल, यह मैं तुम्हारे भले के लिए कर रही हूँ! तुम्हारी सहायता के लिए।"

एक तीसरा प्रोफ़ेसर, जो अकादमी परिसर में ही रहता, स्त्रियों से घिरा रहता, 'सुपरमैटिक' रहस्यवाद की प्रसव वेदना से तड़पता। उन्हें आकर्षित करने के लिए वह कौन से हथकण्डे इस्तेमाल करता, मैं नहीं जानता।

एक दूसरा, मेरा सबसे ईर्ष्यालु शिष्य, मुझसे दोस्ती और भक्ति की कसमें खाता। उसे सुनकर ऐसा लगता कि मैं उसका मसीहा हूँ।

किन्तु जैसे ही उसकी नियुक्ति प्रोफ़ेसर के पद पर हुई, वह मेरे विरोधी खेमे में जा मिला और अपमानजनक और बचकानी हरक़तें करता रहता।

वह एक नये भगवान की पूजा करने लगा, जिसे बदले में वह फिर से धोखा करने के लिए बुलाया। वह किसी ऑफ़िस में नौकरी करता था।

मैंने उसे अपने साथ रख लिया। वह बहुत ख़ुश था और अपनी कृतज्ञता दिखाने के लिए उसने ज़्यादा समय नहीं लिया, दुश्मनों के खेमों में जाने के लिए।

अध्यक्ष होने के नाते मैं बैठकें देर रात आयोजित किया करता था। भावातिरेक से मैं अध्यापकों से अपना कर्त्तव्य निभाने के लिए कहता : किन्तु धीमे-धीमे सिर हिलाते वे सब सो जाते।

वे उन सब बैठकों का मज़ाक उड़ाया करते, स्कूल का भी और मेरे विश्वास का, और मेरा भी।

यह सच है, कि मुझमें ज़्यादा सहनशक्ति नहीं है। मैं जानता था कि मैं उन्हें धूल चटा सकता हूँ किन्तु मैं यह भी पहले से जानता था कि वे क्या कहेंगे, मैं उनका अन्त कभी नहीं चाहता था। मैं अकादमी, संग्रहालय और सामूहिक स्टूडियोज़ आदि सबको एक साथ बड़ा करना चाहता था।

मैं अधीर था, सबको काम करता हुआ देखने के लिए। और मैं ख़ुद भी आराम नहीं करता, न ही दूसरों को करने देता।

जैसे सारे प्रोफ़ेसर एक-दूसरे पर मोहित थे, वे मुझ पर मोहित होना शुरू हो गये।

मैं शहर का सम्भ्रान्त व्यक्ति बन गया और सैकड़ों चित्रकार मेरे शिष्य बने।

◀ House in Pestkowatik

सोलह

एक दिन जब मैं वहाँ से दूर था, हमेशा की तरह स्कूल के लिए रंग और पैसा, उनके लिए रोटियाँ प्राप्त करने की कोशिश कर रहा था, सारे अध्यापकों ने विद्रोह कर दिया और मेरे सारे शिष्यों को अपने विद्रोह में घसीट लिया।

भगवान शायद उन्हें क्षमा करें!

उन लोगों की सहायता से जिन्हें मैंने उनके लिए नियुक्त किया था, और अब रोटी और रोज़गार से निश्चिन्त हैं, उन्होंने एक नोटिस चिपकाया, चौबीस घण्टे के भीतर मुझे स्कूल से बाहर निकालने का।

जैसे ही मैं वहाँ पहुँचा, वे तत्काल शान्त हो गये।

वहाँ कोई नहीं बचा था जिसके साथ झगड़ा जा सकता। स्कूल की सारी सम्पत्ति वे अपने साथ ले गये, वह चित्र भी जिन्हें मैं राज्य की ओर से लाया था, इस मंशा के साथ कि वितेबस्क में एक संग्रहालय की स्थापना की जा सकेगी, वे भाग गये, स्कूल और उसके शिष्यों के भाग्य को स्थगित करते हुए।

यह बताते हुए मुझे हँसी आ रही है। गड़े मुर्दे उखाड़ने से क्या फ़ायदा?

मुझे अपने दोस्तों और दुश्मनों के बारे में और कुछ नहीं कहना चाहिए।

मुझे अपने परिवार के साथ, चौबीस घण्टों में शहर छोड़ना पड़ा।

मैं बाध्य था अपने साइनबोर्ड्स उतारने के लिए, अपने नोटिस-और जितना मैं चाहूँ हकला सकता था।

चिन्ता नहीं, मुझे याद नहीं रखना चाहिए। और न ही मैं चाहता हूँ कि तुम मुझे याद रखो।

मैंने कुछ वर्षों के लिए ख़ुद के काम की उपेक्षा कर अपने आपको पूरी तरह झोंक दिया था मेरी जन्मभूमि की ज़रूरतों के लिए, यह सब तुम्हारे प्रति प्रेम के लिए नहीं था, बल्कि मेरे शहर के लिए था, मेरे पिता और मेरी माँ के लिए, जो वहाँ दफ़न हैं।

और तुम सबके लिए, मुझे अकेला छोड़ दो।

मुझे आश्चर्य नहीं है यदि, मेरी लम्बी अनुपस्थिति के बीच, मेरा शहर उन सारे संकेतों को भुला देता है और भूल जाता है उस आदमी को जिसने ख़ुद के रंग और ब्रश एक तरफ़ रख, चिन्ता की और परेशान रहा वहाँ पर कला की शुरुआत के लिए। उसने स्वप्न देखा एक साधारण घर को संग्रहालय में और एक सामान्य मनुष्य को रचनाकार के रूप में बदलने का।

मैं यह जान चुका था कि कोई व्यक्ति इस देश में सन्त नहीं है।

मैं मास्को चला गया।

मैं अपने दोस्तों के बारे में सोचता हूँ। क्या वास्तव में वे दोस्त थे?

मेरा पहला बचपन का साथी, जिसे मैं बहुत प्यार करता था, मुझे छोड़ गया, घाव पर से हटाई गयी रूई की तरह आसानी से फेंक दिया गया।

और क्यों?

अब ललित कला संस्थान में मेरा एक शिष्य, उसने मेरी रेखांकन की कक्षाएँ लेनी शुरू कर दीं, मेरे सारे हस्ताक्षर मिटाकर उन्हें अपने चित्रों की तरह बरता। मैंने उससे सम्पर्क नहीं किया। किन्तु फिर भी प्रशासन ने उसे डाँट लगायी।

बाद में, जब मैं पेरिस में रहता था, उसने प्रतिज्ञा की कि वह मेरी प्रेमिका को मुझसे दूर ले जाएगा, उसने उस भक्ति के साथ, जो नहीं थी, उसे जीतने की कोशिश भी की।

और अन्त में, जब वह मेरे वयस्क सालों के कैनवास देख, कुछ भी समझ न सका, वह भी दूसरों की तरह मेरे प्रति ईर्ष्यालु हो गया।

इस तरह हमारे बचपन की दोस्ती वयस्क जीवन की दहलीज़ पर दम तोड़ गयी।

यह दोस्ती नहीं थी : वह दोस्त नहीं था।

फिर किसके साथ मैं अपनी दोस्ती रखूँ? किसे मैं प्यार करूँ?

और अब दरवाज़ें खुले हैं।

मेरी आत्मा भी, मेरी मुस्कान भी।

मुझे आश्चर्य नहीं होता जब लोग मुझे छोड़ जाते, जब मुझे धोखा दिया जाता, और नये लोगों से मिलने में अब मुझे कोई मज़ा नहीं आता। मैं अपनी सुरक्षा पर हूँ।

कोई दोस्त नहीं। एक और मुझे छोड़ गया है अब वह गरीब नहीं रहा, कुछ प्रसिद्ध भी है।

किन्तु संसार दोस्तों से भरा हुआ है।

जब बर्फ़ गिरती है मैं अपना मुँह खोल लेता हूँ।

क्या है यह?

यह दोस्त है।

शायद भगवान मेरी सहायता करे। अपने चित्रों के सामने आँसू बहाने के लिए।

मेरी झुर्रियाँ, मेरा फीका चेहरा चस्पाँ हो जाता है : वहाँ मेरी तरल आत्मा हमेशा के लिए छप जाती है।

मेरा शहर मृत हो चुका है। वितेबस्क अध्याय ख़त्म हुआ।

मेरे सारे सम्बन्धी मृत हैं।

मुझे ख़ुद के लिए कुछ शब्द लिखना चाहिए।

तुम उन्हें बग़ैर पढ़े छोड़ सकते हो । पृष्ठ पलट सकते हो।

मेरी बहनों! यह भयानक है कि मैं पिता के लिए कोई भी स्मारक नहीं बना पाया, न ही रोजिन के लिए, और न डेविड के लिए। मुझे तत्काल लिखो, हम एक समझौता कर लेते हैं और यदि नहीं, अपनी जगहों पर रहते हुए एक-दूसरे को भूल सकते हैं।

मेरी स्मृति प्रदीप्त है।

मैंने तुम्हारा एक रेखाचित्र बनाया है, डेविड, तुम अपने हाथों में मेण्डोलिन पकड़े हँस रहे हो। तुम्हारा गुलाबी मुँह, तुम्हारे सारे दाँत

दिख रहे हैं। तुम मेरे चित्र में नीले हो।

तुम क्रीमिया में लेटे हो, विदेशी मिट्टी में तुम अस्पताल की खिड़की से अत्यन्त कष्ट उठाते हुए रेखाचित्र बना रहे हो। मेरा दिल तुम्हारे साथ दफ़न है।

मेरे प्यारे पिता...।

हमारे अन्तिम वर्षों की चाहना मुझे चीर जाती है और मेरे कैनवास उन धमाकों से हिलते हैं । मेरे पिता ट्रक पर लदान का काम करते थे : जिससे बामुश्किल वह अपनी जीविका चला पाते। एक कार ने उन्हें टक्कर मार दी, उन्हें कुचल दिया और वे वहीं मर गये।

उन्होंने मुझसे उनका मृत्यु पत्र छिपाकर रखा।

क्यों?

और मैं, लगभग कभी नहीं रोया। मैं वितेबस्क नहीं गया।

और इसलिए मैंने अपनी माँ की मृत्यु भी नहीं देखी, न ही पिता की।

मैं यह कभी भी नहीं सह सकता।

और जैसे कि मैं जीवन को स्पष्ट देख पा रहा हूँ। साथ में वह 'सत्य' मेरी अपनी आँखों से...। उस अन्तिम भ्रम को खोने का मैं कुछ नहीं।

किन्तु शायद इससे मुझे सहायता ही मिली।

मैंने अपने माता-पिता की आकृति मृत्यु में देखी होती, मेरी माँ का चेहरा, उसका मृत चेहरा, पूर्णतः सफ़ेद।

वह मुझे अत्यन्त प्रेम करती थी। मैं कहाँ था? मैं क्यों नहीं गया? यह ठीक नहीं है।

और मेरे पिता का चेहरा, नियति और आटोमोबाइल के पहियों से कुचला गया। यह अन्याय है कि मैं वहाँ नहीं था। यदि मैं वहाँ पहुँचता वे प्रसन्न होते। किन्तु वापस ज़िन्दा नहीं हो सकते थे।

मैं कभी तुम्हारी कब्र पर जाऊँगा। वह माँ की कब्र से दो फीट दूर है। मैं तुम्हारी कब्र पर लेट जाऊँगा। उस वक्त भी तुम जीवित नहीं हो सकोगे। और मैं बूढ़ा (या शायद उसके पहले) तुम्हारे नज़दीक दफ़न होऊँगा।

बहुत हुआ वितेबस्क के बारे में। सब ख़त्म हुआ।

कला को उसका समय।

सिर्फ़ तुम-तुम मेरे साथ हो। एकमात्र तुम, जिसके बारे में मेरी आत्मा निस्सार बातें नहीं करेगी।

मैं गम्भीरता से तुम्हें देखता हूँ, मुझे ऐसा लगता है तुम मेरे चित्र हो।

तुमने एक से ज़्यादा बार मेरे चित्रों को दुखद नियति से बचाया।

मैं अपने चित्रों से ज़्यादा आदमी को समझ नहीं पाया। जो भी तुम कहते वह ठीक था फिर मेरे हाथों को संचालित करते रंग और ब्रश उठाते जैसे आर्केस्ट्रा का निर्देशक उठाता है, और मुझे उन अनजान जगहों पर दूर कहीं ले जाते।

हमारे मृत परिवार जनों को चित्र की संकल्पना के लिए शुभकामनाएँ देने। काले को काला रहने दो और सफ़ेद को और सफ़ेद।

और हमारी छोटी-सी लड़की को हमारे साथ। मुझे क्षमा करना, मेरी प्यारी, इससे पहले तुम्हें न याद करने के लिए, और तुम्हारे पैदा होने पर चार दिनों बाद पहुँचने के लिए।

यह शर्मनाक है मैंने एक लड़के का सपना देखा था।

יחזקאל
שאגאל

◀ Father's Grave

सत्रह

आदोच्का का जन्म हुआ। उसके जन्म के तत्काल बाद ही हम उसे गाँव ले गये।

नवजात शिशु नाजुक बर्तन नहीं है। मेरी पत्नी उसे सिर से पाँव तक लपेट देती ताकि उसे ठण्ड न लगे।

मैंने उससे कहा, ''मैं सोचता हूँ कि तुम्हें उसका चेहरा खुला रखना चाहिए : मानव जाति को हवा की ज़रूरत है।''

और अन्त में हम जा पहुँचे। जैसे ही हमने उस नवजात को खोला, हम चीख़ पड़े। ठीक उसी वक्त नवजात, प्रचण्ड क्रोध में ज्वालामुखी की तरह फफक रही थी।

''देखा तुमने?''

मेरी बहन और उसका पति हमारे पड़ोसी थे। हर क़दम पर उनका बच्चा अपने चिह्न पीछे छोड़ता जाता। सारे दिन फ़र्श गीला रहता। और निश्चित ही कमरे के बर्तन भी।

शयनकक्ष में एकमात्र खिड़की है।

तुम उससे सड़क का अन्त देख सकते हो और बीच में एक चीड़ का वृक्ष। किन्तु मेरा बहनोई ठीक उसके सामने बैठता है और मुझे दिखायी देना बन्द हो जाता है।

आदोच्का शक्कर का पानी नहीं पीती है।

दूध की कुछ बूँदें मुश्किल होती जा रही हैं। निश्चित ही वे ज़्यादा स्वादिष्ट हैं इसलिए हमने उसका पानी मीठा नहीं किया है, उसे बेवकूफ़ नहीं बनाया है।

वह इतना जोर से चीख़ती है कि मैं उसे बिस्तर पर लिटाने से अपने आपको नहीं रोक पाता।

''चुप रहो।''

मैं बच्चों के तीखे क्रन्दन को नहीं सहन कर सकता। यह भयानक है।

संक्षेप में मैं पिता समान नहीं हूँ।

लोग कहते हैं, मैं राक्षस हूँ। मैं उनका सम्मान खोता जा रहा हूँ।

यह सब लिखने का क्या मतलब?

मैंने एक स्वप्न देखा : एक छोटी कुतिया किन्तु हमारी आदोच्का। रात्रि है। हमारे शयनकक्ष की खिड़की के रास्ते मैंने देखा कि रंगीन चौकारों से भरा आसमान, कूदता है गोलों से, और लिखे हुए संकेतों की परतों से भरा।

मास्को, रुको : बर्लिन, रुको, न्यूयार्क रुको, रेम्ब्रा, वितेबस्क, असंख्य विषाद।

सारे रंग, अस्ट्रामेरिन को छोड़कर झुलसे और जले हुए हैं। मैं मुड़कर अपना चित्र देखता हूँ जिसमें सारे मनुष्य अपने पीछे खड़े हैं, उत्तेजित।

वहाँ गर्मी थी। सब कुछ हरा दिखायी दे रहा था।

मैं इन दो संसारों के बीच लेटा हुआ, खिड़की से बाहर देखता हूँ। आसमान अब और नीला नहीं है। वह रात में समुद्री घोंघे की तरह गा रहा है। सूरज से ज़्यादा चमकीला।

क्या यह स्वप्न अपशकुन था? अगले दिन मेरी छोटी लड़की बाहर खेत में गिर कर जख़्मी हो गयी थी।

रोती हुई, उस घाव से ख़ून बहाती हुई, जहाँ गाल में लकड़ी घुस गयी थी, वह अपनी जान बचाकर मेरी तरफ़ दौड़ी।

और फिर से मैंने महसूस किया कि मेरे अन्दर सब कुछ उलट-पुलट हो रहा है, घूम रहा है, और यह भी कि मैं अजीब तरह से ज़मीन पर चल रहा हूँ।

यदि मैं लिख सकता हूँ, मेरी प्यारी, मेरे शब्दों की ज़मीन उससे ज़्यादा सपाट हो सकती है, जिस धरती पर तुम गिरी थी।

उसके बाद मुझे लगा हर चीज़ बदल गयी है।

और हमारा यह संसार, क्या यह ज़िन्दा रहेगा?

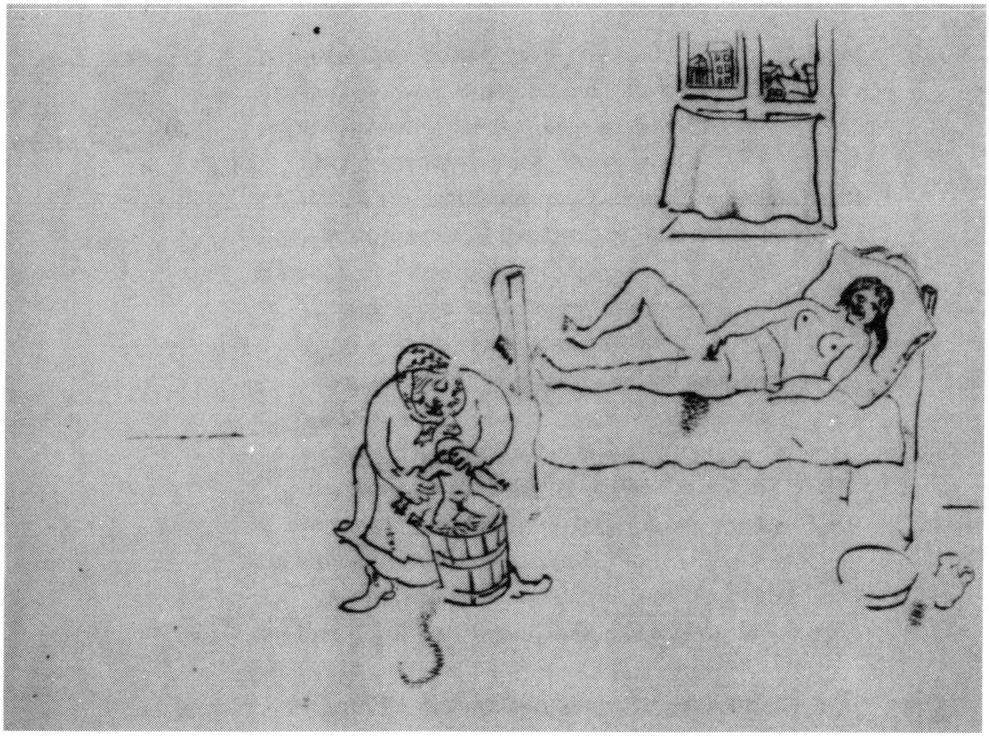

◀ Birth

अट्ठारह

मेरे कुछ शिष्यों को पश्चाताप हुआ। वे मुझे वापस स्कूल बुलाने के लिए जोर डाल रहे थे। उन्होंने एक दरख़्वास्त भी की, यह विश्वास दिलाते हुए कि मेरी ज़रूरत है।

उन्होंने मेरी आज्ञा मानने की क़समें खायीं, आदि।

एक मालगाड़ी में, मैं वापस अपने रास्ते पर हूँ, बच्चागाड़ी और समोवर और घर की अन्य वस्तुओं के साथ।

मेरी आत्मा एक सीले हुए कमरे की तरह, धीमे पसीने बहा रही है।

मेरे चमड़े के पोर्ट फोलियो में आशाएँ छिपी हुई हैं।

वहाँ भी, मेरे निर्णय में भ्रम की पुख़्ता ज़मीन है।

बर्फ़ गिरना शुरू हो चुकी है। ठण्ड है। लकड़ियाँ नहीं हैं।

उन्होंने मुझे उस अपार्टमेण्ट के दो कमरों में ठहराया जिसमें एक पोलिश परिवार रहता था। तलवार की तरह उनकी नहरें तुम्हें भेद जाती।

"थोड़ा इन्तज़ार करो, पोलिश सेना वितेबस्क जल्दी ही आने वाली है, और तुम्हारे पिता को वे मार डालेंगे।", उनके बच्चे मेरी छोटी लड़की को यह कहते।

इस बीच हम लोग मक्खियों के प्रचण्ड आक्रमण से तंग थे। हमारा घर बैरक के किनारे था। वहाँ से उन्माद में, हज़ारों मक्खियों का तूफ़ान गली में से उड़ता हुआ, शक्ति के साथ, हमारे अपार्टमेण्ट में घुसता हर कोने और हर छेद से। वे काटते चित्रों को, चेहरे, बाँह, फ़र्नीचर, मेरी पत्नी और मेरी बच्ची को। इतना ज़्यादा कि वह बीमार हो गयी।

सैनिक हमारी खिड़की के नज़दीक से गुज़रते। गन्दे बच्चे उन्मत्त हमारे दरवाज़े के सामने खेलते रहते, और मेरी बेटी, दयाभाव से, उन्हें घर की चाँदी की चम्मचें, छुरी-काँटे आदि भेंट करती रहती।

अब मैंने अपना रहने का स्थान बदल लिया है। एक बूढ़े रईस आदमी ने हमें शरण दी, इस आशा में कि अकादेमी का निदेशक होने के नाते मैं उसे कुछ संरक्षण प्रदान कर सकूँगा। किन्तु किससे?

वास्तव में, वे अकेले छोड़ दिये गये थे।

वह एकान्तिक, कंजूस बूढ़ा अपने को बीमार कुत्ते की तरह पालता था। उसका रसोइया ख़ाली बर्तनों में झाँकता और मुस्कुराता हुआ, उसके मरने का इन्तज़ार कर रहा था।

कोई उसे देखने नहीं आता। बाहर क्रान्ति हो रही है। उसे इसका अन्दाज़ा भी नहीं था। उसकी सारी चिन्ताएँ अपनी जायदाद की देखभाल करना था।

वह अपनी लम्बी मेज़ पर अकेला बैठा रहता।

लटकता लैम्प, उसकी पत्नी के समय तेज़ रोशनी में जलता था, अब मुश्किल से रोशनी दे पाता है। और उस धीमी रोशनी में उसकी झुकी हुई रेखाकृति, झुके हुए कन्धे, मुड़ी हुई बाँहें, दाढ़ी और उसका पीला झुर्रियों से भरा चेहरा दिखाई देता है।

उसके पास करने के कुछ नहीं है। एक रात जब चेका के सैनिक उसके घर की तलाशी लेने आये, वे हमारे शयनकक्ष से गुजरे।

वे पहले रुके और उन्होंने मुझसे प्रश्न किया।

मैंने अपने काग़ज़ उन्हें दिखाये। उन्हें पढ़कर वे मुस्कुराये।

"अन्दर कौन है?"

"अन्दर वहाँ एक बूढ़ा आदमी रहता है। वह इतना पुराना है कि जैसे ही तुम उस तक पहुँचोगे वह मर जाएगा। क्या तुम यह जोख़िम उठाओगे?"

वे लोग चले जाते हैं।

इस तरह मैंने उसे कई बार बचाया, उस वक्त तक जब तक वह अपनी प्राकृतिक मौत न मर गया।

यह मेरे अपार्टमेण्ट का अन्त था। अब मैं कहाँ ठिकाना ढूँढ़ूँ?

बहुत पहले ही मेरे सास-ससुर का घर नष्ट कर दिया गया था।

एक दोपहर, चेका सैनिकों की सात कारें उनके शो रूम के सामने आकर रुकीं, सैनिकों ने वहाँ से क़ीमती पत्थर, सोना-चाँदी, घड़ियाँ सब कुछ उन तीन दूकानों से संग्रह करना शुरू कर दिया। वे अपार्टमेण्ट भी यह देखने गये कि शायद वहाँ कुछ क़ीमती सामान मिल सके। यहाँ तक कि वे रसोईघर में से वे चाँदी के बर्तन भी ले गये जो अभी-अभी टेबल से हटाये गये थे।

इसके बाद वे मेरी सास के पास गये और उसकी नाक के नीचे पिस्तौल लगाते हुए बोले :

"तिजोरी की चाबियाँ निकालो या फिर..."

वे यह नहीं जानते थे कि तिजोरी को कैसे खोला जाता है, या फिर उस बहुमूल्य सामग्री का सम्मान करते हुए वे उसे अपने साथ कार में रखकर ले गये।

और अन्त में सन्तुष्ट वे चले गये।

मेरी पत्नी के माता-पिता, अचानक बूढ़े लगने लगे, हतप्रभ से बैठे रहे, उनकी बाँहें झूल रहीं थीं, आँखें उस दिशा में थी जहाँ वे सात कारें ग़ायब हो गयी थीं।

भीड़ वहाँ इकट्ठी हो चुकी थी, दबी आवाज़ में रो रही थी।

वे सब कुछ उठा ले गये थे। एक चम्मच भी नहीं छूटा।

उस शाम परिवार के लोगों ने नौकरानी को कुछ साधारण चम्मचें लाने के लिए बाहर भेजा।

पिता अपनी चम्मच मुँह तक ले जाते हैं। फिर नीचे रख देते हैं। अश्रुधारा बह निकलती है और उनकी चम्मच से होती हुई चाय में घुल जाती है।

रात में चेकिस्ट वापस आते हैं, हथियारों से सुसज्जित।

"घर की तलाशी लो!"

एक विशेषज्ञ की सहायता से, एक ईर्ष्यालु दुश्मन, उन्होंने घर की सारी दीवारों और फ़र्श को खोद डाला। वे छुपे हुए खज़ाने की खोज

कर रहे थे। मेरी पत्नी के माता-पिता की हिम्मत तोड़ने के लिए यह काफ़ी था। हालाँकि उन्हें छोटे-मोटे चोरों और इस तरह की तलाशियों आदि की आदत थी जो उनकी दौलत से प्रेरित होकर की जाती थी।

मास्को क्रेमलिन से घिरा हुआ या क्रेमलिन मास्को से घिरा हुआ, सोवियत द्वारा।

भूख, मुँह और चीख़ता अक्टूबर।

कौन हूँ मैं? एक लेखक हूँ? क्या यह मेरे ज़िम्मे है कि मैं वर्णन करूँ कि किस तरह हमारी माँसपेशियाँ जम गयीं?

माँस रंग में बदल चुका है : शरीर ब्रश में और सिर शिखर में।

मैं अपना चौड़ा पाजामा पहनता हूँ, मेरा पीला कुर्ता (एक अमेरिकी की भेंट जो हमारे ऊपर दया दिखलाते हुए अपने पुराने कपड़े भेजता है), और दूसरों की तरह बैठक में जाता हूँ।

वहाँ कई महान लोग हैं। विदेश नीति की बैठक ल्यूनाचार्स्की की अध्यक्षता में : नाटकों की बैठक, कवियों की बैठकें, चित्रकारों की।

इनमें से किसको चुनना चाहिए?

मेयर होल्ड, अपने गले में लाल स्कार्फ लपेटे राज की तरह नाटकों द्वारा क्रान्ति लाने का प्रमुख आधार था।

उसे ज़्यादा वक्त नहीं हुआ था इम्पीरियल थियेटर में काम करते, और वह उसकी आडम्बरी पोशाक पहने रहता।

मैं उन सबमें सिर्फ़ उसे ही पसन्द करता था। मुझे खेद है मैंने उसके साथ कभी काम नहीं किया।

बेचारा टेराफ, नये प्रयोग के लिए अत्यन्त लालायित उसके पास तीसरी बार पहुँचा। मेयर होल्ड ने उसे शान्ति नहीं दी।

और वहाँ पर उनकी तू-तू मैं-मैं से ज़्यादा अच्छा प्रदर्शन और किसी का नहीं होता।

और कवियों की बैठक में, मायकोवस्की सबसे तेज़ आवाज़ में चिल्लाता। हालाँकि उसने अपनी एक किताब के समर्पण में लिखा था : ''भगवान सबको शागाल बनाये। शागाल की तरह'', हम दोस्त नहीं थे।

उसे यह महसूस हो गया था कि उसका चिल्लाना और थूकना मुझे निराश करता है।

क्या कविता को बतंगड़ और आवाज़ की ज़रूरत है?

मैं एसेनाइन को ज़्यादा पसन्द करता था, जिसकी चौड़ी मुस्कान मुझे छू जाती।

वह भी चिल्लाता था, शराब के नशे में, किन्तु ईश्वर के साथ, आँखों में आँसू लिये वह पीटता था, मेज़ नहीं बल्कि अपनी छाती, और थूकता, दूसरों पर नहीं बल्कि ख़ुद पर।

मञ्च पर से, मुझे देखकर अभिवादन करता।

उसकी कविताएँ भले ही ठीक न हों मगर ब्लॉक के बाद क्या वही एकमात्र रूसी नहीं है जो अपनी आत्मा से चीत्कार करता है?

और चित्रकारों की मीटिंग में मैं क्या कर सका?

वहाँ कल के शिष्य, पुराने दिनों के दोस्त, पड़ोसी, रूस की कला नियन्त्रित कर रहे थे।

वे मुझे अविश्वास और दयाभाव से देखते।

किन्तु अब मुझे आत्मप्रदर्शन की ज़रूरत नहीं है, मुझे एक प्रोफ़ेसर की तरह आमन्त्रित भी नहीं किया गया है।

आजकल कौन, मुझे छोड़कर, प्रोफ़ेसर नहीं है?

यहाँ 'बवनोवीबैलेट' समूह का एक नेता क्रेमलिन के बीचों-बीच लगे लैम्प-पोस्ट की तरफ़ इशारा करते हुए दुर्भावना के साथ कह रहा है–

''वहाँ उस जगह तुममें से ज़्यादातर लोगों को टाँगा जाएगा।''

ऐसा लगता है उस वक्त वह अत्यन्त ईर्ष्यालु क्रान्तिकारी है।

दूसरा आदमी जिसे ईश्वर ने प्रतिभा से वंचित किया है, चीख़ उठता है : ''चित्रकला भाड़ में जाय।''

जार के दिनों के तथाकथित सफल चित्रकार उसकी तरफ़ विद्वेष से देखते हैं।

दूर मैं अपने एक पुराने मित्र, ट्यूगेन होल्ड को देखता हूँ। जिसे मुझसे पहले बोलना है।

अब वह सर्वहारा कला पर मोहित है और उसके लिए उतना ही ज़िद्दी है, जितना वह पूर्व में पश्चिमी कला के लिए था।

एक होने वाला चित्रकार, तिरस्कार से चित्रकला के बारे में बात कर रहा है, जिसके बारे में वह कुछ भी नहीं जानता। समापन में, अपने सामने रखी कुर्सी को बहुत प्रेम से देखते हुए उसने कहा :

''अब, मेरी पत्नी और मैं कुछ और नहीं करेंगे, सिवाय इस कुर्सी को चित्रित करने के।''

एक नया प्रकटन, क्यूबिज़्म 'खोज', नक़लवाद, संरचनावाद यूरोप से दस साल बाद वापस लाये गये।

और ये सब ख़ुद को उद्घाटित करने में फिर से अकादेमिक होते जा रहे हैं।

किन्तु जब मैंने किसी को चिल्लाते हुए सुना : ''मैं तुम्हारी आत्मा की ढेले भर परवाह नहीं करता। मुझे तुम्हारे पैर चाहिए, न कि सिर'', अब मैं और नहीं रुक सकता था।

बहुत हुआ। मैं अपनी आत्मा बचाये रखना चाहता हूँ।

और मैं सोचता हूँ क्रान्ति महान हो सकती थी यदि वह दूसरों के प्रति सम्मान रखना जानती।

यदि मैं थोड़ा सा भी निर्भीक होता, दूसरे कई चित्रकारों की तरह बहुत सी सुविधाएँ पा लेता। किन्तु नहीं।

मैं हकलाता था और बोल नहीं पाता था, मैं हमेशा आत्मसंचयी रहा।

मैं मास्को में अपने रहने की जगह ढूँढ़ रहा हूँ। वितेबस्क में काफ़ी रह चुका।

अन्त में एक कमरा मुझे मिलता है, जिसके बाहर आँगन है, सीला हुआ। यहाँ तक कि बिस्तर में रखे कम्बल भी सीले हुए हैं। बेटी सीलन में सोती है। चित्र पीले पड़ रहे हैं। दीवार बह रही है।

यह क्या है। क्या मैं जेल में हूँ?

बिस्तर के पाये के नज़दीक एक लकड़ी का गट्ठर बिखर गया है।

उसे लाने में बहुत मशक्क़त करनी पड़ी।

''लकड़ी सूखी है।'' धूर्त किसान ने मुझे बतलाया किन्तु मैं जाँचने के लिए आरी कहाँ से लाऊँ?

बड़े लट्ठों को पाँचवीं मंज़िल तक उठाकर लाना असम्भव था। और मैं उसे बाहर भी छोड़ना नहीं चाहता था। वे उसे चुरा ले जाएँगे।

संयोग से जिन सैनिकों से मैं रास्ते में मिला था, उन्होंने मेरी सहायता की। वे अपने हाथों से लकड़ियाँ भरकर हमारे शयनकक्ष में ले आये और उन्हें विमानशाला की तरह सजा दिया।

और रात में तुम कहोगे कि पूरा जंगल गलना शुरू हो गया है। चीड़ टपक रहा है टप, टप, टप।

क्या लकड़ियों के बीच लोमड़ियाँ और भेड़िये अपनी लम्बी पूँछों के साथ हैं?

यह ऐसा था जैसे हम लोग दरवाज़े के बाहर सो रहे हैं, और बाहर पानी के गिरने और बर्फ़ के पिघलने की आवाज़ सुन रहे हैं।

सिर्फ़ मास्को के बादल वहाँ नहीं थे और चन्द्रमा भी।

तिस पर भी हम लोग सोये और सपने देखे।

जागने पर मेरी पत्नी ने आग्रह से कहा :

''जाओ और बच्ची को देखो। क्या उसके बिस्तर पर बहुत बर्फ़ है? उसे मुँह तक ढँक आना।''

पैसा नहीं है। ज़रूरत भी नहीं है—ख़रीदने को कुछ नहीं था।

मुझे जो राशन मिलता उसे मैं बर्फ़ से ढँकी सड़क पर घसीटता हुआ लाता। आटा, सफ़ेद पंखों के पुंज की तरह हो कच्चे माँस के साथ मिला हुआ है, लाल और हड्डियों से भरा।

एक पूरी आधी गाय। इसके साथ क्या किया जा सकता है? आटे का एक बोरा। चूहों की दावत।

मुझे हरिंग पसन्द है, किन्तु हर दिन हरिंग। मुझे बाजरे का बना काशा पसन्द है। किन्तु हर दिन।

और फिर भी हमें बच्ची के लिए दूध और मक्खन की आवश्यकता थी।

मेरी पत्नी सुचारुवस्का बाज़ार में अपने कुछ ज़ेवर बेचने जाती है, किन्तु बाज़ार सैनिकों से भरा हुआ है और वे उसे पकड़ लेते हैं।

''भगवान के लिए'', वह भीख माँगती है-''मुझे जाने दो। मेरी बच्ची घर पर अकेली है। मैं सिर्फ़ कोशिश कर रही थी अपनी अँगूठी के बदले कुछ मक्खन पाने की।''

मैं शिकायत नहीं कर रहा हूँ। मैं ठीक था। क्या फ़र्क़ पड़ता है?

एक दयालु आदमी हमें अपने मकान में ले गया। हम सब एक ही कमरे में सोये, मेरी पत्नी, बेटी, नर्स और मैं।

अलाव से धुआँ निकल रहा था। पाइप से सीलन बिस्तर पर टपक रही थी। आँखों में ख़ुशी के आँसू धुएँ के साथ जड़वत् हो गये थे। कमरे के एक कोने में बर्फ़ नादान रुई की गठान की तरह झिलमिला रही थी।

हल्की हवा और आग के चटकने की आवाज़, दूर कहीं जोर से चूमने की आवाज़ की तरह सुनायी देती।

हम लोग ख़ुश और ख़ाली थे।

काली सोवियत डबलरोटी मैं अपने मुँह में रखता हूँ, मेरे चेहरे पर मुस्कान चस्पां हो जाती है, यह मेरे दिल पर एक बोझ है।

हर रात में हमारा मेज़बान दो लड़कियों के साथ अपना मकान बाँटता और इस तरह वह अपने को तसल्ली दे रहा था।

अकाल के समय, सोवियत दिनों में! तुम बुर्जुआ।

क्रोध में मैं व्यग्रता से अपने आपको काम में झोंक देता हूँ, मास्को थियेटर की दीवारें और छतों पर।

वहाँ पर धुँधलके में मेरा म्यूरल साँस ले रहा है। क्या तुमने उसे देखा है?

प्रलाप और बेसिर-पैर की बातें, मेरे समकालीन!

कोई बात नहीं, कितना, मेरी थियेटर की पहली क ख ग ने तुम्हें दिया।

विनय नहीं, आह! मेरी दादी को बताओ : विनयशीलता मुझे उबाऊ लगती है।

मेरी उपेक्षा करो, यदि तुम चाहो।

Тут

◀ House in Vitebsk

उन्नीस

"यहाँ हो तुम! एफ्रोस ने मुझे अँधेरे में ले जाते हुए कहा, "ये दीवारें तुम्हारे अधिकार में हैं। जो तुम्हें अच्छा लगता हो करो।" यह लगभग नष्ट हो गया मकान था, कुछ बुर्जुआ शरणार्थियों की सम्पत्ति।

"यहाँ देखो", उसने कहना जारी रखा, "यहाँ दर्शकों के लिए बैठक : और यहाँ, स्टेज है।"

सच कहूँ, तो मैंने रसोईघर के टूटे हिस्सों के अलावा कुछ और नहीं देखा।

"लहसुन और पसीने की गन्ध से भरा पुराना थियेटर भाड़ में जाय..."

मैं अपने आपको दीवारों में फैला देता हूँ।

मेरे कैनवास फ़र्श पर बिछे हुए हैं। कामगार और अभिनेता उन पर चलते हैं।

गलियारे और कमरों की मरम्मत हो रही है, छीलन का बहुत-सा अंश मेरे रंगों, रेखांकनों में मिल जाता है। हर जगह सिगरेट के टोटे

और डबलरोटी के टुकड़े बिखरे पड़े हैं।

मैं गीले फ़र्श पर फैल जाता हूँ।

कुछ वक्त ऐसा होता है जब इस तरह लेटना मुझे अच्छा लगता है। घर पर हम मृतकों को ज़मीन पर लिटा देते हैं। उसके रिश्तेदार, वे भी फ़र्श पर आते और उसके नज़दीक रोते हैं।

मैं ज़मीन पर लेटना पसन्द करता हूँ। उसको अपने कुछ दुख और प्रार्थनाएँ, फुसफुसाना भी।

मुझे याद है मेरे एक पुरखे ने मोहिलेफ की इबादतग़ाह में चित्र बनाये थे।

मैं रोता हूँ।

उसने सौ साल पहले सहायता के लिए मुझे क्यों नहीं बुलाया? और अब, वह ऊँचे अल्तार से प्रार्थना करे, मेरी रक्षा करे।

मेरे दाढ़ी वाले दादा, मेरे भीतर एक या दो बूँद पारलौकिक शक्ति घोल दो।

अपने को सान्त्वना देने के लिए, मैं थियेटर के द्वारपाल एफ़्रायम को भेजता हूँ। मेरे लिए कुछ डबलरोटी और दूध लाने के लिए।

दूध सच का दूध नहीं था : डबलरोटी, डबलरोटी नहीं थी। पनैला दूध, जिसमें माँड़ मिला हुआ था। जई और भूसे की बनी हुई डबलरोटी, तमाखू का रंग।

शायद यह सच का दूध है जिसे क्रान्तिकारी गाय से दुहा गया है। या शायद द्वारपाल ने यूँ ही पानी से बर्तन भर कर, भगवान जाने क्या मिलाया, और मुझे दे दिया, कमबख़्त।

सफ़ेद ख़ून जैसा या उससे भी बदतर।

मैंने खाया, मैंने पिया, मैं उत्साह से भर गया।

वह द्वारपाल, हमारे थियेटर के कामगारों का एकमात्र प्रतिनिधि, उसे मैं जड़वत् अभी-भी देख सकता था।

उसकी नाक, उसकी ग़रीबी, उसकी कमज़ोरी, उसकी मूर्खता, उसकी जुएँ, जिनकी आशाएँ कभी मुझसे और वापस उससे। अक्सर वह खड़ा रहता, कुछ नहीं करता और घबराहट में मुस्कुराता।

''तुम किस पर मुस्कुरा रहे हो, मूर्ख?''

''मैं नहीं जानता किसे देखना है : तुम्हारी पेंटिंग या तुम्हें। दोनों एक से हास्यास्पद दिखायी देते हैं।''

एफ़्रायम, कहाँ हो तुम? तुम एकमात्र दिये गये द्वारपाल हो, हालाँकि कभी-कभी संयोग से तुम्हें टिकिट घर और प्रवेश द्वार पर टिकिट फाड़ने का मौक़ा भी मिलता है।

मैं कभी सोचता कि उसे मञ्च पर भेजना चाहिए। क्यों नहीं। उन्होंने एक दूसरे द्वारपाल की पत्नी को किराये पर लिया था। उस औरत की आकृति बर्फ़ ढँकी, सीली हुई लकड़ियों की शृँखला की तरह थी।

पूर्वाभ्यास के दौरान वह गर्भवती घोड़ी की तरह अनर्गल चिल्लाती।

मैं इससे ज़्यादा बुरा दुश्मन अपने लिए नहीं सोच सकता।

आतंक।

अगला दरवाज़ा निदेशक ग्रानोवस्की के दफ़्तर का था। जब थियेटर की मरम्मत की जा रही थी, थोड़ा-सा काम वहाँ भी कर दिया गया।

एक सँकरा कमरा। वह बिस्तर में है। फ़र्श पर छीलन बिखरी है। वह अपने शरीर से लाड़ करता है।

''कैसे हो एलेक्सी मिखायलोविच।''

वह वहाँ लेटा रहता और मुस्कुराता या खीझता हुआ बड़बड़ाता रहता। एक से ज़्यादा बार, उसने मुझ पर तीख़ी टिप्पणी की या वहाँ से गुज़रने वालों पर।

मैं नहीं जानता कि ग्रानोवस्की अभी भी मुस्कुरा रहा है या नहीं।

किन्तु द्वारपाल द्वारा लाये गये दूध की तरह उसकी मुस्कुराहट मुझे राहत देती।

मैंने उससे यह पूछने की हिम्मत कभी नहीं की कि वह मुझे पसन्द करता है।

और इस तरह मैं यह जानने से बचा रहा हूँ।

थियेटर के लिए काम करूँ, यह मेरा पुराना स्वप्न था।

1911 में भी, ट्यूगेन होल्ड ने कहीं लिखा था कि वस्तुएँ मेरे चित्रों में सजीव दिखायी देती हैं।

''मैं मनोवैज्ञानिक दृश्य चित्रित कर सकता हूँ'', उसने कहा।

मैंने भी इस पर कुछ सोचा।

निश्चित ही, कुछ समय बाद उसने तैरोफ को यह सलाह दी कि वह अगले नाटक 'द मेरी वाइफ़्स ऑफ़ विन्सर' में मेरे बारे में सोचे। हम लोगों की एक मुलाक़ात हुई और बस इतना ही।

वितेबस्क में रहने का मेरा समय नज़दीक आ रहा था, जहाँ मेरा परिचय कला और कलाकारों से हुआ, दोस्तों और दुश्मनों से हुआ,

मैं प्रसन्न था ग्रेनोवस्की और एफ्रोस का आमन्त्रण मिलने पर। नये यहूदी थियेटर खुलने पर उन्होंने मुझसे आकर काम करने का आग्रह किया था।

यह एफ्रोस था जिसने मुझे बुलाने के लिए जोर डाला था।

एफ्रोस? अत्यन्त लम्बी टाँगें। न अत्यधिक बातूनी, न ही शान्त। बेचैन, लगातार हरक़त में। हरचीज़ चमकती है : उसका चश्मा, उसकी दाढ़ी।

वह यहाँ है, वहाँ है, हर जगह है।

एक ऐसा दोस्त है, जिसे मैं चाहता हूँ और वह उसकी पात्रता रखता है।

ग्रानोवस्की के बारे में मैंने पहली बार युद्ध के दौरान पिटर्सबर्ग में सुना था।

रेनहार्ड का एक शिष्य, जो समय-समय पर बड़े नाटक खेला करता, रेनहार्ड के ओडीपस के बाद रूस आया, एक खास तरह की लोकप्रियता का मज़ा चखता हुआ।

उसी दौरान उसने यहूदी नाटकों का आयोजन किया। उसकी कम्पनी में हर व्यवसाय के लोग शामिल थे जिनकी सहायता से उसने नाटकों का एक स्कूल स्थापित किया।

मैंने उसके नाटक देखे। स्टॉनिस्लॉवस्की की यथार्थवादी शैली में।

मैं अपनी नापसन्द छुपा न सका।

इसलिए भी, जब मैं मास्को गया, मैं चिन्तित था।

मुझे महसूस हुआ कि शायद शुरू में हम दोनों के बीच कोई संगति न हो।

मैं हमेशा छोटी-छोटी चीज़ों के लिए चिन्तित रहा : वह विश्वसनीय, निश्चिन्त और स्वाँग के लिए बना हुआ था।

और-यह एक ज़रूरी बिन्दु है—एकदम ज़रूरी भी नहीं शागाल।

मुझसे प्रेक्षागृहों में चित्र बनाने के लिए कहा गया और पहले नाटक के लिए कुछ दृश्य।

ओह! मैंने सोचा यहाँ अवसर है, पुराने यहूदी थियेटर को बाहर निकाल फेंकने का, उसके मनोवैज्ञानिक यथार्थवाद को, उसके नक़ली मुक़ाबले को। उन दीवारों पर कम से कम वह सब बनाना चाहिए जो मुझे अच्छा लगता है, और मैं स्वतन्त्र हूँ वह सब दिखाने के लिए जो मुझे राष्ट्रीय थियेटर के पुनर्जन्म के लिए ज़रूरी लगता है।

क्या मैंने एक अभिनेता, मिखाइल की आँखों को निकालने का सुझाव नहीं दिया था। उसके मेक-अप को सही करने के लिए?

मैं काम करने लगा हूँ।

मैंने प्रमुख दीवार पर एक चित्र चित्रित किया : नये राष्ट्रीय थियेटर का परिचय।

अन्दर की दीवारों, छतों और चित्र वल्लरी पर। उस वक्त प्रचलित समकालीन अभिनेताओं के चित्र थे-एक लोकप्रिय संगीतकार, एक शादी कराने वाला विदूषक, एक नृत्य करती औरत, एक तोराह का नक़लची, पहला स्वप्न देखता कवि और अन्त में स्टेज का चक्कर लगाता एक जोड़ा। मेज़ों पर बिखरी हुई खाने से भरी तश्तरियाँ, खाद्य सामग्री और फल, दावत का दृश्य, अलंकृत और जमे हुए।

मैं अभिनेताओं से मुलाक़ात की प्रतीक्षा कर रहा था।

मैं धीमे से प्रस्तुति व्यवस्थापक से अनुनय करता, उन अभिनेताओं से भी जो वहाँ से गुज़रते :

''हम तैयार हो जाएँ। हम सब मिलकर इस पुराने कचरे से छुटकारा पा लें। हमें चमत्कार दिखाना चाहिए।''

अभिनेता मुझे पसन्द करते थे। अक्सर वे मुझे डबल रोटी के टुकड़े, थोड़ा-सा सूप या एक मुस्कान और कुछ आशा भेजते थे।

उस वक्त ग्रानोवस्की रेनहार्ड और स्टॉनिस्लावस्की के पुनरुत्थान और अन्य क्षितिजों की तरफ़ धीमे-धीमे बढ़ रहा था।

किन्तु जब मैं वहाँ था वह दूसरी दुनिया में रहता।

मैं नहीं जानता क्यों नहीं उसने मेरा विश्वास प्राप्त किया और मैंने भी कभी उस पर भरोसा नहीं किया।

यह अभिनेता मिखाइल था, जो दूसरों की तरह भूखों मर रहा था, उसने दूरी कम की।

एक से ज़्यादा बार वह मेरे पास आया, आँखें और माथा उभरा हुआ, बाल बिखरे हुए। छोटी नाक, मोटे होंठ। वह तुम्हारे विचारों का पीछा शान्त भाव से करता, उन्हें पहले से पकड़ लेता और अपने शरीर और बाँहों के खास कोण से, बहस के खास मुद्दे की तरफ़ भागता। भूलने के विरुद्ध।

उसने मेरे चित्र देखे और मुझसे कुछ रेखांकन माँगे। वह उन्हें जानना चाहता था, उनके साथ रहना चाहता था, वह उन्हें समझना चाहता था।

एक या दो महीने बाद उसने मुझे ख़ुशी-ख़ुशी बताया।

''तुम जानते हो, मैंने तुम्हारे रेखांकनों का अध्ययन किया। मैं उन्हें समझता हूँ। नतीजे में मैंने अपना व्यक्तित्व लगभग बदल लिया है। अब मैं जानता हूँ कि मैं कैसे दूसरे तरीक़े से अपने शरीर को इस्तेमाल करूँ। कैसे घुमाऊँ और किस तरह बात करूँ।''

''हर कोई मुझे देखता है'' उसने कहा, ''और वे समझ नहीं पाते कि क्या हुआ है।''

जवाब में मैं मुस्कुराया। वह भी मुस्कुराया।

दूसरे अभिनेता मेरे चित्रों की तरफ़ सावधानी से बढ़ते, एक तरफ़ लम्बी सीढ़ी के ऊपर बैठा हुआ : वे कुछ देखने की कोशिश करते, कुछ समझने की।

क्या वे भी बदल नहीं गये हैं, उनके विचार भी। हमारे पास हर चीज़ की कमी थी। वेशभूषा और मञ्च-सज्जा के लिए कोई सामग्री नहीं थी।

शुभारम्भ की शाम उन्होंने एक पहना हुआ पुराना सूट दिया। मैंने उसे हड़बड़ी में चित्रित किया।

उसकी जेबों में मुझे सिगरेट के टोटे और डबल रोटी के टुकड़े मिले।

शुभारम्भ की रात मैं प्रेक्षागृह न जा सका, मैं रंगों के साथ बिखरा हुआ था और पर्दा उठने के कुछ क्षण पहले ही मैं स्टेज से भागकर गया और जल्दी-जल्दी आहार्य चित्रित करने लगा। मैं 'यथार्थवाद' को सहन नहीं कर सकता हूँ।

अचानक एक विद्रोह।

ग्रानोवस्की ने सचमुच पोंछा टाँग दिया।

मैंने देखा और मैं चिल्लाया :

"एक सचमुच का पोंछा।"

"यहाँ मैनेजर कौन है, तुम या मैं?" तल्ख़ी से ग्रानोवस्की ने पूछा।

मेरा बेचारा दिल।

हे पिता, हे माँ!

वास्तव में, मेरे विचार से, पहला प्रदर्शन ठीक से बँधा हुआ नहीं था।

किन्तु मैंने महसूस किया कि मेरा काम ख़त्म हो चुका है।

और इसके बाद हबीमा थियेटर ने मुझे 'द डिब्यूक़' की मञ्च-सज्जा का काम सौंपा।

मैं नहीं जानता था कि क्या करूँ।

उस वक्त ये दोनों थियेटर आपस में लड़ रहे थे किन्तु मैं उस हबीमा थियेटर जाने से इनकार नहीं कर सका जिसके अभिनेता अभिनय नहीं, प्रार्थना करते थे, वह भी हे भगवान, आसमान को छूती हुई स्टॉनिस्लावस्की की नाटकीय कला की तरह।

यदि ग्रानोवस्की के साथ रोमाँस 'सफल नहीं रहा' जैसा कि वह कहता था, मैं वाचटनगोव से भी दूर था। हबीमा का मैनेजर साथ ही साथ स्टॉनिस्लावस्की का अभिनेता जहाँ उसके नाटक अभी तक अनजान थे।

उसके साथ संवाद स्थापित करना मेरे लिए मुश्किल होता जा रहा था।

मैं प्रेम को तवज्जो देता, साथ ही सन्देहों के साथ जूझता था, हिचकिचाने पर मैं वापस हो जाता।

जब मैंने 'द डिब्यूक' का पहला प्रदर्शन देखा और वाचटनगाफ को सुना, मैंने सोचा :

वह जार्जियन है, ब्रिटेन का बादशाह।

यह पहला मौक़ा था जब हम लोग मिले। वह चुप था। हम दोनों औघड़ ढँग से एक-दूसरे को परख रहे थे। निश्चित ही वह मेरी आँखों में अव्यवस्था को पढ़ पा रहा था, पूर्व की अशान्ति और एक अजीब अबोध्य कला।

उसकी तरफ़ देखते हुए चिन्ता करने और झेंपने की क्या ज़रूरत है? मैं उसके अन्दर ज़हर की एक बूँद प्रवेश कराने वाला हूँ।

मेरे साथ, या मेरे पीछे एक दिन वह याद रखेगा। दूसरे मेरे पीछे आएँगे। मेरे शब्दों, मेरी आहों का अनुवाद करेंगे। अत्यधिक लोकप्रिय हल्के और साफ़ रूप में।

अन्त में हबीमा के मैनेजर जेमाच ने मुझे अपने विचारों से जगाया।

"मार्क जाचरोविच, तुम्हारे मत में 'द डिब्यूक' कैसा खेला गया है?

"बेहतर होगा पहले वाचटनगाफ से पूछें" मैंने जवाब दिया।

एक अन्तराल।

वाचटनगॉफ अपनी धीमी आवाज़ में बोला कि उसके लिए यह रूप विदेशी है, स्टॉनिस्लावस्की का तरीक़ा ही ठीक है।

मुश्किल से मैं अपने पीछे क्रोध को दबा पाया।

"यदि यह बात है तो तुमने मुझे परेशान क्यों किया?"

किन्तु ख़ुद को सम्हालते हुए, मैंने कहा कि यहूदी थियेटर के पुनरुत्थान में यह तरीक़ा मैं नहीं देख पाता हूँ।

और जेमाच की तरफ़ मुड़ते हुए मैंने बोला :

"तिस पर भी तुम उसके तरीक़े से खेलो, यदि मैं वहाँ नहीं हूँ तो भी, इसके अलावा कोई रास्ता नहीं है।"

अपनी छाती से गुबार निकालकर मैं चला गया।

अपने घर जाते हुए रास्ते में मुझे 'द डिब्यूक' के लेखक आन्सकी की याद आयी। रिसेप्शन से उसने मुझे देखा, मेरे पास मुझे बाँहों में भरकर उत्साह बोला :

"तुम देखो, मेरे पास एक नाटक है, 'द डिब्यूक'। तुम ही एकमात्र ऐसे व्यक्ति हो जो उसे खेल सकते हो। मैं सोचता हूँ।"

लेखक बाल माचसोविच, जो हमारे साथ था, मुस्कुराया और स्वीकृति की मुद्रा में सिर हिलाया। यहाँ तक कि उसके चश्मे ने भी सहमति दी।

किन्तु मैं क्या कर सकता था?

कुछ समय बाद मुझे बतलाया गया, एक साल पहले वाचटनग्राफ ग्रानोवस्की थियेटर में मेरे म्यूरल के सामने घण्टों समय बिताता था, और हबीमा में 'जेमाच ने ख़ुद मुझसे कहा', उन्होंने किसी अन्य चित्रकार से 'शागाल' बनाने के लिए कहा है।

मैंने यह भी सुना कि ग्रानोवस्की में वे शागाल से भी आगे जाने की कोशिश कर रहे हैं।

उनके लिए अच्छा है।

थियेटर में काम करते वक्त मैं यह नहीं भूल पाया कि मेरा परिवार मालाचोवका में रह रहा है, मास्को के नज़दीक एक गाँव।

वहाँ तक जाने, टिकिट ख़रीदने के लिए घण्टों मुझे लाइन में खड़ा होना पड़ता, फिर अगला घण्टा उस प्लेटफॉर्म के कोने तक पहुँचने में लगता।

ढीले-ढाले कपड़ों में मुझे भीड़ के बीच खड़े रहने में दिक़्क़त होती थी।

दूधवालों के सफ़ेद टिन की टंकियाँ, बेदर्दी से मेरे पीछे पटकी जा रही थी। वे मेरा पैर कुचलते हैं। किसान धक्का दे रहे हैं।

खड़े हुए या ज़मीन पर बैठे वे जुएँ मारने में व्यस्त हैं।

सूर्यमुखी के बीज उनके दाँतों के बीच टूटते हैं और मेरे हाथ और चेहरे पर आकर चिपक जाते हैं। और अन्त में जब रेलगाड़ी धीरे-धीरे अपने गन्तव्य की ओर बढ़ रही है, गाने, विषाद और धुआँ प्रचण्डता से डब्बे में भरता जाता है।

मुझे यह लगता है कि मैं लकड़ियों, बर्फ़, धुएँ के बादल, उन मोटी औरतों, वे दाढ़ी वाले किसान जो लगातार क्रॉस का चिह्न बना रहे हैं, के साथ स्वर्ग की ओर बढ़ता जा रहा हूँ।

असंख्य दूध की टंकियाँ, किन्तु सिक्कों से भरी हुई, ड्रम की तरह खड़खड़ातीं।

और अन्त में ट्रेन रुकती है, मैं उतरता हूँ। इसी तरह एक के बाद एक दिन गुज़रता जाता है।

रात है : मैं सुनसान खेतों से गुज़रता हुआ सोचता हूँ कि मैंने एक भेड़िये को बर्फ़ में दुबकते देखा है।

एक भेड़िया-कोई शक नहीं।

मैं मुड़कर, वापस जाता हूँ सावधानी से उसकी तरफ़ बढ़ते हुए निश्चिन्त होना चाहता हूँ कि वह भेड़िया नहीं है, सिर्फ़ एक बेचारा कुत्ता

लेटा हुआ है, बिना हिले-डुले।

सुबह इसी तरह मैं मास्को वापस आता हूँ।

यह दिन नहीं है। आसमान जामुनी नीला है। सुनसान खेतों के हज़ारों मील तुम्हें लपक लेते हैं। ख़ुशनुमा शाखाएँ तुम्हारे सर पर ताज की तरह हैं।

प्लेटफॉर्म पर फिर से दूधवालों के समूह अपनी दूध की टंकियाँ लिये हुए हैं, जिनमें दूधिया पानी भरा है : वही किसान ऊपर स्वर्ग तक बदबू फैलाते हुए।

काठ-कबाड़ भरी मालगाड़ी, ठण्ड से आवाज़ कर रही है। लोग हड़बड़ी में एक-दूसरे को धक्का मारते हुए बर्फ़ से भरी सीढ़ियों की तरफ़ दौड़ रहे हैं।

अचानक एक चीख़। एक किसान औरत नीचे बर्फ़ में गिर पड़ी है। ठीक पहियों के पास : वह वहशी ढँग से तड़प रही है।

उसकी टूटी टाँग से निकला जामुनी ख़ून सफ़ेद बर्फ़ पर फैल जाता है।

"ओह! मेरे भाइयो!" हम उसका कराहना सुन सकते हैं।

वे खोदते हैं, फावड़े से बर्फ़ फेंकते हैं और उसको उठाकर ले जाते हैं। जैसे खाद ले जा रहे हों।

अब हम सब तरह की चीज़ देख चुके हैं।

◀ Self Portrait

बीस

नारकोमप्रास ने मुझे मालाचोवका में बच्चों की बस्ती, जो 'तीसरा अन्तरराष्ट्रीय' के नाम से जानी जाती है, में प्रोफ़ेसर की हैसियत से आमन्त्रित किया।

प्रत्येक बस्ती में लगभग पचास बच्चे रहते थे, सभी यतीम, इनकी देखरेख वहाँ के विद्वान शिक्षक करते थे, जो स्वप्न देखा करते थे आधुनिक शिक्षा पद्धति को लागू करने का।

ये बच्चे सबसे अधिक अप्रसन्न यतीम थे।

वे सब के सब ठगों द्वारा पीटे गये थे और गलियों में फेंक दिये गये थे। भयभीत थे छुरे की उस चमक से जिससे उनके माता-पिता के गले काटे गये थे। गोलियों की सनसनाहट और खिड़की के काँच टूटने की आवाज़ों से, वे बहरे हो चुके थे। उनके कानों में अभी भी अपने मरते हुए माता-पिता की प्रार्थनाएँ गूँजती थीं। उनके पिताओं की दाढ़ियाँ वहशी ढँग से नोच ली गयी थीं, उनकी बहनों के साथ अँतड़ियाँ बाहर निकलने तक बलात्कार हुआ।

ठण्ड और भूख से काँपते हुए, क्षुब्ध, रेलगाड़ियों के बम्पर पर चिपके, वे शहरों में घूमते और अन्त में-उन असंख्य में से कुछ हज़ार बच्चों की इस बस्ती में लाये गये।

अब वे मेरे समक्ष हैं।

वे अलग-अलग गाँव के मकानों में रहते हैं, किन्तु अभ्यास के लिए सब यहाँ इकट्ठे होते।

ठण्ड के दिनों में उनके छोटे पैर बर्फ़ में धँस जाते, और हवाएँ उनकी चिमनियों में हिमलव की चमक बढ़ाती, गूँजती, गाती घूमती है।

बच्चे यहाँ घरेलू कामों में व्यस्त हैं, अपनी बारी आने पर वे खाना तैयार करते, डबल रोटियाँ पकाते, जलाने के लिए लकड़ियाँ काटकर, लादकर लाते, कपड़े धोते और मरम्मत करते हैं।

वे वयस्कों की तरह बैठकें आयोजित करते हैं, जिसमें एक-दूसरे पर सुविचारित निर्णय देते हैं। यहाँ तक कि वे अपने शिक्षकों पर भी निर्णय देते और कोरस में अन्तरराष्ट्रीय गान अपनी बाँहें हिलाते मुस्कुराते गाते हैं।

मैं इन दुर्भाग्यशाली को कला की शिक्षा देता हूँ।

नंगे पैर, हल्के वस्त्रों में लिपटा हर बच्चा दूसरे से ज़्यादा तेज़ आवाज़ में चीख़ता है : ''कामरेड शागाल, कामरेड शागाल।''

यह शोर चारों तरफ़ से आता है।

सिर्फ़ उनकी आँखें कभी नहीं मस्कुरातीं, मुस्कुरा सकेंगी।

मैं उन्हें प्यार करता हूँ। वे चित्र बनाते हैं। वे रंगों पर, माँस पर टूटने वाले हिंसक पशु की तरह टूट पड़ते हैं।

इनमें से एक बच्चा निरन्तर उन्माद में सृजन करता रहता है। वह चित्र बनाता है, संगीत रचता है और कविताएँ भी लिखता है।

एक-दूसरा लड़का अपने चित्रों की संरचना शान्त भाव से, इंजीनियर की तरह करता है।

उनमें से कुछ, अमूर्त कला को समर्पित थे। वे सिमावू के चित्रों और खिड़कियों पर किये जाने वाले स्टेन ग्लास की कला के नज़दीक थे।

मैं उनके रेखांकनों से सम्मोहित था। उनकी प्रेरणादायी हकलाहट, जब तक मैं नहीं रोकता, बनी रहती।

मेरे प्यारे छोटे बच्चों, तुम्हारे साथ क्या हुआ?

जब मैं तुम्हारे बारे में सोचता हूँ, मेरा हृदय द्रवित हो जाता है।

मालाचोवका के नज़दीक एक बस्ती में मुझे एक लकड़ी का घर बिना फ़र्नीचर के दिया गया है। बहरहाल, उसमें एक दुछत्ती है, जहाँ

हम लोग रह सकते हैं।

हमारा एकमात्र लोहे का पलंग इतना सँकरा था कि सुबह होते तक तुम्हारा शरीर खरोंचों और चोट से भर जाता।

किन्तु उसको चौड़ा करने के लिए कुछ पाट प्राप्त करने के बाद हम लोग उस पलंग को कुछ बड़ा कर सकने में सफल हुए।

उस घर में अभी भी मुझसे पहले, रहने वाले शरणार्थी मालिकों की गन्ध भरी हुई थी, संक्रामक बीमारी की दमघोंटू गन्ध। चारों तरफ़ दवाइयों की शीशियाँ रखी हैं और पालतू पशुओं द्वारा छोड़ी गयी विष्ठा।

गर्मियों और ठण्ड में खिड़की खुली रहती।

नीचे सामूहिक रसोईघर में एक प्रसन्नचित्त किसान की औरत खाना बनाने में आगे रहती।

हँसती और अपने सारे दाँत दिखाती हुई डबल रोटी तन्दूर में रखते हुए, वह निस्संकोच अपने साहसी अनुभवों को बतलाती।

''अकाल के दौरान'', वह बोली, ''बामुश्किल मैंने किसी तरह आटे के कुछ बोरे प्राप्त किये और उन्हें वहाँ से घर एक मालगाड़ी से लेकर आयी।

''एक बार रेलगाड़ी में'', वह लगातार हँसते हुए बोल रही थी, ''मैं पच्चीस सैनिकों के गश्ती दल के बीच चली गयी। उस डब्बे में मैं अकेली थी।''

''आटा इस तरह ले जाना क़ानून के खिलाफ़ है'', उन्होंने कहा। ''क्या तुम नहीं जानतीं?''

''आह! ठीक है! और मैं लेट गयी। वे सारे पच्चीस के पच्चीस एक के बाद एक आये। और मैं उस बेंच पर बनी रही।''

''बदले में उन्होंने मुझे आटे के बोरों को लाने दिया।''

मैंने सीधे उसके चेहरे की तरफ़ देखा।

उस रात वह नीचे जहाँ 'जंगल के चौकीदार रहते हैं' वहाँ गयी।

ज़ाहिर है कुछ समय बाद वह गर्भवती थी। और वह हमेशा के लिए उस जंगल के चौकीदारों के साथ रहने लगी।

अपनी कुल्हाड़ियों से मुस्तैद सिर्फ़ वे ही हमारे घर तक कभी नहीं आये।

नारकोमप्रास में दफ़्तर के उस अधिकारी का मैं धैर्य के साथ इन्तज़ार कर रहा था, जो आकर मेरा स्वागत करे।

मैं चाहता था, यदि सम्भव हो तो चित्रों के लिए मैं पैसा प्राप्त कर सकूँ, जो मैंने थियेटर के लिए बनाये थे।

''यदि 'प्रथम वर्ग'-वे कलाकार जो बहुत दक्ष हैं आसानी से प्राप्त कर सकता हूँ, तो फिर उन्हें मुझे कम से कम दरों पर भुगतान

करना चाहिए।''

मैनेजर मुस्कुराता है।

''हाँ...हाँ...हाँ...आप समझिए'', वह हकलाते हुए बोलता, ''इसका मूल्य...हस्ताक्षर, मोहर लूनाचास्की कल आइएगा।''

यह दो साल तक चला।

मुझे निमोनिया हो गया। ग्रावोनस्की भी मुस्कुराया।

मैं क्या कर सकता था?

हे भगवान। तुमने मुझे प्रतिभा दी, कम से कम वो तो यही कहते हैं। किन्तु तुमने मुझे एक प्रभावशाली व्यक्तित्व क्यों नहीं दिया जिससे वे मुझसे भयभीत होकर मेरा सम्मान कर सकें।

यदि, उदाहरण के लिए, मैं विशाल और मोटा होता, अत्यन्त लम्बा, लम्बी टाँगों और चौकोर चेहरे के साथ, फिर वे मुझसे विस्मित होकर प्रभावित रहते, जैसे कि सामान्य तौर पर दुनिया में होता है।

किन्तु मेरा चेहरा अत्यन्त मृदुल है। मेरी आवाज़ साथ नहीं देती।

मैं निराश हूँ।

मैं मास्को की इन गलियों में भटक रहा हूँ।

जब मैं क्रेमलिन के पास से गुज़रता हूँ, चोर नज़र से उसके चौड़े दरवाज़े से भीतर झाँकता हूँ।

ट्राट्स्की अपनी कार से उतर रहा है : वह लम्बा, उसकी नाक नीली रक्ताभ है। निर्भीकता और सम्हलकर चलते हुए वह प्रवेश द्वार पार कर क्रैमलिन में अपने घर की तरफ़ बढ़ता है।

मेरे मन में एक विचार आता है : क्या हो यदि कभी देयमान बेण्डी मुझे आमन्त्रित करे, वह भी क्रैमलिन में रहता है, युद्ध के दौरान मैं और वह एक ही सैनिक समिति में साथ काम करते थे।

मैं उसका और लुनाचास्र्की का अनुमोदन पेरिस जाने के लिए प्राप्त करता हूँ।

एक शिक्षक और एक निदेशक की तरह यहाँ बहुत रह चुका हूँ।

मैं अपने चित्र चित्रित करना चाहता हूँ।

युद्ध पूर्व के मेरे सारे चित्र बर्लिन में और पेरिस में हैं। पेरिस में मेरा स्टूडियो रेखांकनों और अपूर्ण चित्रों से भरा हुआ है, वे सब मेरा इन्तज़ार कर रहे हैं।

जर्मनी से रूबीनर मेरा एक अच्छा दोस्त और कवि लिखता है :

''क्या तुम ज़िन्दा हो? अफ़वाह है कि तुम युद्ध में मारे जा चुके हो।''

''क्या तुम्हें पता है तुम यहाँ प्रसिद्ध हो? तुम्हारे चित्र एक नयी पीढ़ी का परिचय देते हैं : प्रभाववाद। वे ऊँची क़ीमतों में बिक रहे हैं। हमेशा की तरह, तुम यह न सोचना कि वाल्डन पर तुम्हारा कुछ क़र्ज़ है। वह तुम्हें पैसे नहीं देगा। उसने प्रसिद्धि बनाये रखी है यही तुम्हारे लिए बहुत है।''

ठीक है किन्तु इससे कोई सहायता नहीं मिलती।

मुझे शायद अपने रिश्तेदारों के बारे में सोचना चाहिए, रेम्ब्राँ के बारे में, मेरी माँ, सेजाँ, मेरे नाना, मेरी पत्नी के बारे में।

मैं हालैण्ड जा सकता था। इटली के दक्षिण, फ्रांस में, अपने सारे कपड़े उतारकर मैं कह सकता हूँ :

''मेरे प्यारो, देखो मैं वापस आ गया हूँ। यहाँ मैं दुखी हूँ। सिर्फ़ एक चीज़ जो मैं चाहता हूँ वह चित्र बनाना है।

न तो रूसी साम्राज्य, न ही सोवियतों के रूस को मेरी ज़रूरत है।

वे मुझे नहीं समझते हैं। मैं उनके लिए अजनबी हूँ।

मैं निश्चित हूँ कि रेम्ब्राँ मुझे प्यार करता है।

इक्कीस

इन सफ़ों का वही अर्थ है जो चित्रित सतह का है।

यदि मेरे चित्रों में छिपने की कोई जगह होती, तो मैं उसमें सरक जाता...या शायद वे मेरे किसी चरित्र के पीछे चिपके होते या 'संगीतकार' के पाजामे के पीछे होते जिसे मैंने अपने म्यूरल में चित्रित किया है?...

कौन जानता कि उसकी पीठ पर क्या लिखा है?

आर.एस.एफ.एस.आर. के समय में। मैं चाहकर चिल्लाता :

हमारे बिजली के मचान हमारे पैरों तले सरक रहे हैं, क्या तुम महसूस कर सकते हो?

और क्या हमारी सुघट्य कला में पूर्व चेतावनी नही थी, हालाँकि हम लोग वास्तव में हवा में हैं और एक ही रोग से ग्रस्त, स्थायित्व के लिए लालायित।

वे पाँच साल मेरी आत्मा को मथते हैं।

मैं दुबला हो चुका हूँ। मैं भूखा भी हूँ।

मैं तुम्हें देखना चाहता हूँ फिर से, बी...सी...पी...मैं थक चुका हूँ।

मुझे अपनी पत्नी और बेटी के साथ आना चाहिए।

मुझे तुम्हारे नज़दीक आकर लेटना चाहिए।

और, शायद, यूरोप मुझसे प्रेम करे, उसके साथ, मेरा रूस।

मास्को, 1922